# L'État islamique est-il défait ?

Myriam Benraad

# L'État islamique est-il défait ?

CNRS ÉDITIONS
15 rue Malebranche - 75005 Paris

ISBN : 978-2-271-13726-5

# Préface

Octobre 2017 est la date retenue pour la défaite de l'État islamique avec la chute de Raqqa, en Syrie, la « capitale administrative » de la seule organisation salafiste djihadiste à avoir fondé un califat territorial. Sans avoir renoncé à son projet d'État islamique, Daech s'est donc retrouvé ravalé au rang d'une simple organisation terroriste, un banal rival d'Al-Qaïda.

Myriam Benraad pose la question qui taraude les différents états-majors : la défaite militaire de l'État islamique signifie-t-elle son échec final ou bien prélude-t-elle à une renaissance que beaucoup redoutent ? Myriam Benraad montre que le combat de Daech est un combat au long cours. Le projet d'un État salafiste continue à s'avérer un atout. L'auteure fait en même temps un lien avec l'émergence des sociétés civiles dont l'État islamique se veut l'unique représentant en contexte arabe sunnite. Sans oublier les nombreux Kurdes qui ont rejoint ses rangs.

Le caractère bureaucratique sur le terrain de l'État islamique ne s'accordait que difficilement avec les loyautés locales où les engagements politiques passent souvent loin derrière la solidarité tribale primant le droit coutumier et la loi du sang. Et l'islam idéologique de Daech s'avérait souvent incompatible avec l'islam traditionnel des tribus et celui, conservateur, des clans de quartiers des villes. L'alliance tacite entre les deux parrains américain et iranien du système politique irakien, qui légitime un confessionnalisme politique inavoué pudiquement appelé « tradition », a permis de vaincre un proto-État dont l'identité n'était pourtant pas totalement artificielle (Daech a ainsi tenté d'effacer des frontières séparant la vallée de l'Euphrate et la Djézireh entre Irak et Syrie). Toutefois, le constat décrit par Myriam Benraad est accablant : chaos politique, illustré par une incapacité récurrente à former un gouvernement, corruption généralisée, ingérences étrangères, système milicien, faillite de l'État dans ses missions régaliennes, notamment l'approvisionnement en eau potable et en électricité, insécurité, pénuries artificiellement créées pour faire monter les prix de denrées de base… Comment s'étonner que le nouvel ordre mis en place par l'État islamique ait pu être à ses débuts ressenti comme une « libération » par une part importante de la population, majoritairement arabe sunnite ?

Or, comme le fait remarquer Myriam Benraad, aucune des causes qui ont permis l'émergence, puis l'expansion de l'État islamique en Irak et au Levant n'a disparu. De plus, les parrains du système irakien, Américains et Iraniens, se sont déclaré une guerre ouverte, encore aggravée par le mouvement de révolte en Iran autour du voile. Le Kurdistan irakien est devenu le refuge des opposants iraniens. Le front commun anti-Daech n'existe plus.

L'État islamique a-t-il changé depuis la perte de son territoire et la succession de « califes » tués au combat ? Il s'est diversifié dans ses territoires de prédilection : les pays du Sahel, l'Afghanistan, le Pakistan, l'Indonésie ont-ils pour autant remplacé le berceau moyen-oriental de Daech ? La résilience de cellules dormantes, notamment sur la frontière syro-irakienne, dans les camps de réfugiés des villes arabes sunnites détruites, au premier rang desquelles Mossoul, ainsi que dans la région de Kirkouk, semble montrer que Daech continue à considérer le Moyen-Orient comme son point d'ancrage. L'affaiblissement du « croissant chiite » (Irak, Syrie, Liban) par la crise en Iran ne peut que renforcer les velléités de l'État islamique.

Une course de vitesse est engagée entre deux processus : le maintien des systèmes en place, même en pleine crise, qui donne de nouvelles chances à Daech du fait de leur caractère rigide, et la victoire de sociétés civiles, notamment en Irak et au Liban, qui enlèverait à Daech toute possibilité de se présenter comme le seul protecteur des Arabes sunnites face aux chiites. L'Irak tente, à travers un fédéralisme dévoyé, de trouver une place à une communauté arabe sunnite minoritaire ; Mohammed al-Halbousi, président de l'Assemblée, vise à faire de la province d'Al-Anbar la vitrine d'un « sunnistan » autour des villes de Ramadi et de Fallouja. Ce système a échoué au Liban… pourquoi réussirait-il en Irak ? D'autant plus que l'Irak ne put se prévaloir d'être le refuge de minorités à l'instar du Liban.

Les systèmes en place dans les pays qui ont vu naître l'État islamique (Irak, Syrie) ne sont ni viables ni adaptables. Le triomphe du communautarisme, confessionnel ou ethnique, a réduit à zéro l'espace public et mis à mal la souveraineté de chacun des États où les régimes ne peuvent se maintenir que grâce à des interventions étrangères (iranienne, américaine, russe). Les partis politiques ont disparu ou cachent mal leur allégeance communautaire. Dans un tel contexte, toute élection est biaisée et renforce les liens au groupe d'origine plutôt que d'offrir un réel choix politique.

L'Organisation des Nations unies pourrait, seule, inverser ce cercle vicieux en proposant des référendums sur l'État où souhaiteraient vivre les populations concernées. Un siècle a passé depuis la division du Moyen-Orient en États qui n'ont pas trouvé de légitimité suffisante pour construire une citoyenneté. Les puissances de l'époque avaient alors légitimé par la voix de la Société des Nations l'attribution de mandats à la France et à la Grande-Bretagne malgré l'opposition armée des sociétés concernées, notamment en Irak et en Syrie. Le tout au nom du droit des peuples à disposer d'eux-mêmes ! Il y a aujourd'hui une opportunité historique d'accorder valeurs et intérêts. Il y a urgence car Daech est toujours là !

*Pierre-Jean Luizard*
*Directeur de recherche au CNRS,*
*historien, spécialiste de l'Irak*
*février 2023*

# Introduction

« La nuit dernière, sous ma direction, les forces armées américaines, dans le nord-ouest de la Syrie, ont mené avec succès une opération de contre-terrorisme visant à protéger les citoyens américains et nos alliés, et à faire du monde un lieu plus sûr. Grâce à la compétence et au courage de nos forces, nous avons supprimé du champ de bataille Abou Ibrahim al-Hachimi al-Qouraychi, leader de l'État islamique ». Dans cette adresse du 3 février 2022, Joe Biden prenait acte de la liquidation d'un des dirigeants jihadistes les plus recherchés au monde. Le président américain se gardait néanmoins d'évoquer une « défaite » de l'État islamique. Depuis son apparition en Irak à l'automne 2006, plusieurs de ses commandants ont en effet été tués, par trois administrations successives, sans jamais que la mort d'un seul de ces hommes ne conduise à la dissolution définitive du mouvement : Al-Qouraychi d'abord, puis Abou Hassan, mort quelques mois plus tard en octobre 2022 lors d'une opération de l'Armée syrienne libre dans la province de Deraa, lui-même remplacé par Abou Hussein, vétéran du jihad irakien. Cela étant, les pertes et les destructions endurées par les jihadistes ont été si lourdes au cours des dernières années qu'ils n'ont jamais pu reprendre la main. Dès lors, peut-on raisonnablement parler de défaite de l'État islamique ?

Cette question ne manquera pas d'interpeller les lecteurs, profanes ou fins connaisseurs, tant ce mouvement a fait couler d'encre ces dernières années. Au-delà des réponses hétérogènes que l'on serait tenté d'y apporter, il faut revenir sur la notion de « défaite » pour poser le décor. Relevons qu'il n'existe aucune définition fixe du terme dans le champ des études stratégiques, et en science politique plus largement. Une « défaite » n'est-elle que militaire et physique ? Revêt-elle au contraire une connotation plus symbolique ? De plus, pour s'ancrer dans la durée, une défaite ne doit-elle pas s'assortir de transformations sociopolitiques, économiques et culturelles plus profondes ? S'interroger sur la « nature » de la défaite de l'État islamique, pour reprendre l'approche théorique développée par Jan Angstrom et Isabelle Duyvesteyn[1], permet sans doute de repositionner un certain nombre de débats clés, en particulier au moment où les doutes grandissent quant à l'avenir des opérations de contre-insurrection au Moyen-Orient.

Parmi les mouvances jihadistes ayant altéré le cours de l'histoire, il n'est pas excessif de dire que l'État islamique fait figure de chef de file. Partout où il s'est établi, puis déployé, de son terreau moyen-oriental jusqu'en Asie et en Afrique,

1. Jan Angstrom et Isabelle Duyvesteyn (dir.), *Understanding Victory and Defeat in Contemporary War*, Abingdon, Routledge, 2007.

il a meurtri les sociétés exposées à ses actes, lorsqu'il ne les a pas tout simplement dévastées. Chronologiquement, l'État islamique a émergé au croisement d'une trajectoire irakienne brutalisée et d'une transhumance militaire à travers une partie importante du monde musulman. Puisant son inspiration et son orientation dans un registre salafiste-jihadiste, le groupe terroriste n'a jamais eu pour but de réformer les systèmes établis mais plutôt de les anéantir au nom de son utopie. À ce titre, sa défaite ne fait aucun doute. Tout entier lancé dans une conquête internationale, l'État islamique a échoué à s'ancrer dans l'espace. De la même manière, ses attaques spectaculairement meurtrières ont fini par se retourner contre lui.

Ses capacités et ressources sont ainsi fortement diminuées. Assiégé et écrasé dans ses bastions irakien et syrien, l'État islamique a été pourchassé partout où il sévissait. Pour autant, aborder la problématique de sa défaite implique de ne pas céder au piège d'une lecture manichéenne, ou d'une simplification de l'idée même de défaite. L'État islamique est vaincu, certes, mais n'oublions pas que le phénomène surpasse sa seule dimension armée. Il est aussi une militance intergénérationnelle dont les racines remontent au jihad antisoviétique des années 1980, une tentation nihiliste détruisant aussi bien la géographie que l'altérité. Par-delà sa défaite, l'État islamique a surtout su produire du temps, s'implanter aux marges de sociétés en proie à de violents conflits, et transcender sa base partisane première. Pour mesurer au plus près sa défaite, il faut se méfier en outre des récits officiels et médiatiques en vogue, des perspectives trop statiques, envisager la déroute des jihadistes dans ce qu'elle contient de tangible, d'objectif, de durable.

PREMIÈRE PARTIE

# L'État islamique a été défait…

# Territoire : de la chimère à l'inévitable déroute

« Échec », « débâcle », « déconfiture », « désastre » : le champ lexical de la défaite est vaste et omniprésent dans les discussions relatives à l'avenir de l'État islamique. Dans le même temps, comment ne pas s'interroger sur les répercussions de cette omniprésence sémantique ? N'a-t-elle pas conduit à une relative perte de sens ? Autrement dit, de quelle « défaite » est-il question ? De celle, allégorique, annoncée au début de l'été 2017 par le gouvernement de l'ex-Premier ministre irakien Haïdar al-Abadi, évoquant avec triomphalisme la « libération » de Mossoul après neuf mois d'une bataille acharnée ? De celle, tout aussi emblématique, de Raqqa, autre grand sanctuaire de l'État islamique dans la Syrie voisine ? Ou la géographie de cette défaite doit-elle être conçue de manière élargie et plus fluide, en tournant notamment le regard vers d'autres terrains et d'autres batailles certes moins médiatisés et pourtant tout aussi essentiels ?

L'administration de Donald Trump n'avait évoqué la défaite de l'État islamique que fin 2018. Les Forces démocratiques syriennes, quant à elles, la mentionnaient pour la première fois le 23 mars 2019, une fois le groupe terroriste privé de plus de 95 % de ses possessions. C'est sous l'angle de la territorialité, « ferment originel » de l'État islamique, que la défaite doit tout d'abord être appréciée. Dans un article portant sur la notion de « choc territorial », le géographe Gert Dijkink évoque une « formation sociale ayant un fondement géographique, qui se recompose pendant les périodes décisives de l'histoire » en se traduisant, d'une époque à l'autre, par un changement décisif.[1] Il est indiscutable, à ce titre, que le territoire syro-irakien a été le témoin de l'ascension fulgurante des jihadistes et de leur capacité à s'ancrer dans l'espace. Mais cette ambition territoriale, synonyme d'*hubris* et de démesure, n'avait objectivement aucune chance de résister à l'offensive acharnée des pays de la coalition pour défaire le mouvement.

## *Une emprise aussi éphémère qu'illusoire*

Prendre la mesure de la déroute de l'État islamique implique en premier lieu un exercice temporel en vue de rappeler quels furent ses gains passés. Au cours de l'été 2014, les jihadistes avaient réussi à s'emparer d'un vaste espace, urbain et rural, s'étendant de l'Irak jusqu'à la Syrie, et qui regroupait alors une population estimée à près de cinq millions d'habitants. Ce territoire lui assurait pouvoir, ressources et prestige. Suivant une « stratégie de conflit territorial »

1. « Territorial Shock: Toward a Theory of Change », *L'Espace Politique*, n° 12, 2010 (consultable en ligne).

déjà richement théorisée[2], l'État islamique nourrissait une obsession d'hégémon et d'expansion régionale. Et jusqu'en 2015, force est de constater qu'aucune opération militaire étrangère ou locale n'avait suffi à contrecarrer ses avancées en zone syro-irakienne, avant un basculement net l'année suivante.

Depuis la contre-insurrection de 2017-2018, les capacités de l'État islamique ont en effet été brutalement dégradées par une série d'interventions ciblées destinées à défaire son emprise. Outre la traque et l'élimination méthodique de ses dirigeants[3], son territoire n'a pas été seulement éprouvé, mais dissous au gré d'une implacable campagne militaire. Faisant écho à bien d'autres épisodes, celle-ci était en outre inéluctable. De fait, l'État islamique a toujours entretenu un rapport complexe à la territorialité. Tantôt appréhendé comme une « guérilla », tantôt comme un « soulèvement » ou comme une « révolte », ses échecs répétés renvoient non seulement à sa faiblesse tactique intrinsèque mais aussi aux ambiguïtés terminologiques qui ont souvent brouillé l'analyse[4]. L'État islamique a consacré une énergie féroce et

2. Citons la contribution de David B. Carter, « The Strategy of Territorial Conflict », *American Journal of Political Science*, vol. 54, n° 4, 2010, p. 969-987.

3. Soulignons cependant qu'il n'existe aucun consensus quant aux effets de ce ciblage. Lire Patrick B. Johnston, « Does Decapitation Work? Assessing the Effectiveness of Leadership Targeting in Counterinsurgency Campaigns », *International Security*, vol. 36, n° 4, 2 012, p. 47-79.

4. Lire Jim Ruvalcaba, « Understanding Iraq's Insurgency », article n° 7 du journal de l'École Fletcher sur les questions en lien avec l'Asie du Sud-Est et la civilisation islamique, 2004 (consultable en ligne).

d'abondants pans de sa propagande, écrite comme audiovisuelle, à propager la vision d'un État territorialisé apte à endosser des fonctions régaliennes, sur le modèle d'un gouvernement ordinaire. Cette quête de territorialisation des jihadistes s'attachait, dans la forme, à garantir des services élémentaires aux populations placées sous tutelle et à « tenir le gouvernail » en passant sciemment sous silence leur identité d'acteurs non étatiques.

On pourrait arguer qu'apparu sous les traits d'un soulèvement sunnite, dans le contexte de l'occupation chaotique de l'Irak par l'armée américaine, l'État islamique avait *in fine* peu de chances de pérenniser la spatialité de son dessein[5]. L'hypothèse d'une « retraite stratégique » du mouvement, mise en exergue par Hassan Hassan dans le cas particulier de Mossoul[6], ne suffit pas non plus à remettre en cause cette défaite. Déplacer l'analyse de l'État islamique vers la problématique de la territorialité permet d'instruire une trajectoire au long cours qui pointe sans ambiguïté vers ce seul horizon. La recontextualisation des déroutes passées ne permet en effet aucun doute : l'État islamique, au moment de sa victoire éphémère de 2014, n'était pas un phénomène récent. Sa défaite n'en est que plus cuisante. Si le mouvement jihadiste avait dû remporter une quelconque victoire, il

5. Amatzia Baram, « Who Are the Insurgents? Sunni Arab Rebels in Iraq », rapport spécial n° 134 de l'Institut des États-Unis pour la paix (USIP), 2005.

6. Lire « Insurgents Again: The Islamic State's Calculated Reversion to Attrition in the Syria-Iraq Border Region and Beyond », *CTC Sentinel*, vol. 10, n° 11, 2017, p. 1-8.

l'aurait remportée, il y a longtemps déjà, au regard du temps significatif dont il a disposé pour s'implanter et prospérer.

Dans ses travaux de référence, le stratège australien David Kilcullen propose une définition du « soulèvement » comme « un mouvement populaire cherchant à renverser un *statu quo* par la subversion, l'activisme politique, l'insurrection, le conflit armé et le terrorisme »[7]. Il insiste sur l'enjeu du territoire et de son contrôle. L'activisme de l'État islamique, axé autour d'un ample éventail d'actions destinées à s'arroger ce contrôle et répondant à des objectifs généraux comme plus immédiats, avait bien pour prétention de façonner l'environnement local par la mise à bas d'un « système », de l'ordre existant. L'ultraviolence prônée comme méthodologie ne pouvait toutefois rationnellement aboutir aux résultats escomptés. Dans ses premières années, l'État islamique a piloté d'innombrables attentats en Irak et en Syrie, qui montraient déjà les failles d'un mouvement non outillé pour mener une guerre conventionnelle. Pendant sa phase proto-révolutionnaire, l'État islamique était ainsi très faible en réalité. Le zèle belliqueux des combattants de la première heure, entièrement dévoués à bouleverser l'espace, traduisait sans doute paradoxalement l'intuition que le jihad ne pourrait jamais venir à bout de ses adversaires[8].

---

7. Lire *Counterinsurgency*, New York, Presses universitaires d'Oxford, 2010.

8. Les écrits maoïstes traduisaient déjà la confiance dans la faculté à remporter une confrontation face à un ennemi puissant. Mao incitait ainsi à « utiliser l'inférieur pour défaire le supérieur » et « le faible pour défaire le fort ». Lire Andrew B. Kennedy, « Can the Weak Defeat the

Au cours des premières années de combat, les jihadistes ne possédaient qu'un potentiel militaire limité et ont dû, par une multiplicité de moyens et de modes opératoires, tenter de mobiliser autour d'eux, pour densifier leur base partisane, leurs réseaux, et étendre leur surface d'action. Placée face à une contre-insurrection d'envergure, dans un contexte inamical, la priorité des jihadistes a toujours été en premier lieu leur propre survie[9]. On peut d'ailleurs affirmer qu'ils ont accompli une sorte de prouesse en conjurant à répétition leurs revers. De fait, l'histoire nous enseigne que d'autres soulèvements armés de ce type se sont décomposés à cette étape de leur cycle de vie. L'État islamique a quant à lui réussi à muer d'une rébellion localisée à une révolte transnationale. Mais qu'importe le cadre retenu, sa mise au pas de la géographie n'aura été que passagère et illusoire.

## *Un cheminement spatial émaillé d'échecs*

Doit-on pour autant voir dans cette faculté, dont a fait preuve l'État islamique, de muer d'un soulèvement circonscrit en une rébellion mondialisée, opérant sur une multiplicité de théâtres, la marque d'une quelconque « victoire » ? Il est incontestable que dans sa « base irakienne », l'organisa-

Strong? Mao's Evolving Approach to Asymmetric Warfare in Yan'an », *The China Quarterly*, n° 196, 2008, p. 884-899.

9. Ahmed S. Hashim, « From Al-Qaida Affiliate to the Rise of the Islamic Caliphate: The Evolution of the Islamic State of Iraq and Syria (ISIS) », rapport de l'École d'études internationales S. Rajaratnam de l'université technologique de Nanyang, 2014.

tion terroriste à l'origine menée par le jihadiste jordanien Abou Mousab al-Zarqawi et baptisée « Unicité et Jihad » (*Al-Tahwid wa-l-Jihad*), avait connu une évolution rapide grâce à l'élargissement de ses réseaux du nord de l'Irak vers Bagdad, puis dans toutes les provinces sunnites d'Irak, devenues ses principaux sanctuaires de projection et de repli. La majorité des spécialistes font remonter ce tournant aux premiers mois ayant suivi l'invasion militaire américaine, et plus spécifiquement aux attentats à la voiture piégée orchestrés au mois d'août 2003, dans la capitale irakienne, contre le siège des Nations unies et l'ambassade de Jordanie.

D'autres datent cette transformation à l'automne 2004, lorsque Al-Zarqawi a choisi de s'en remettre à Al-Qaïda. Les gains ensuite réalisés par les jihadistes, autour de la montée en puissance de la frange armée la plus extrémiste, furent à l'époque moins le résultat des talents guerriers de ses combattants que d'un contexte propice : l'existence d'une insécurité diffuse facilitant la commission d'actes terroristes ; une révolte sunnite contre les institutions avec la formation de cellules armées partout sur le sol irakien ; une présence jihadiste antérieure qui avait ancré de longue date, dans les esprits des partisans de l'État islamique, l'idée d'un émirat islamique. Il faut lire dans l'affiliation idéologique à un jihad global l'affermissement d'une militance ancienne, en effet, proprement irakienne et désireuse d'en découdre avec les autorités par l'usage d'une violence aveugle. Truls Tønnessen soulève la question sans équivoque : l'État islamique est-il l'héritier d'Al-Zarqawi ou l'enfant monstrueux du système baathiste défunt ?[10] Ajoutons que très tôt, les rebelles sunnites irakiens ont été appuyés dans leur lutte par l'afflux de jihadistes étrangers très expérimentés pour certains, surtout ceux qui avaient combattu en Afghanistan et apportaient ainsi avec eux savoir-faire et détermination.

Le récit hégémonique de l'État islamique ne résiste pas à l'analyse minutieuse des données disponibles. Statistiquement, au cours des deux premières années d'occupation en Irak, seules 14 % des attaques insurgées lui étaient attribuables. À l'origine de cette confusion se situe une construction médiatique biaisée autour de la personnalité d'Al-Zarqawi lui-même, qui lui a valu une attention excédant de loin son rôle véritable. À cette construction s'ajoute à l'époque la concentration des opérations de contre-insurrection sur le nouvel « État islamique d'Irak » et la communication qui est faite autour de lui par la coalition. Cette dimension, à n'en pas douter, a contribué à forger une image de surpuissance, alors que le mouvement était loin de dominer l'insurrection locale. En d'autres termes, la surmédiatisation d'Al-Zarqawi a produit un effet pervers en construisant autour de lui une quasi-légende[11] et en lui attirant des centaines de recrues désireuses de servir l'État islamique, lequel a ensuite survécu à la disparition de celui qui est encore considéré comme son « père fondateur ».

10. « Heirs of Zarqawi or Saddam? The Relationship Between al-Qaida in Iraq and the Islamic State », *Perspectives on Terrorism*, vol. 9, n° 4, 2015, p. 48-60.

11. George Michael, « The Legend and Legacy of Abu Musab al-Zarqawi », *Defence Studies*, vol. 7, n° 3, 2007, p. 338-357.

Mais là encore, l'ardeur des jihadistes est loin de s'apparenter à une réussite. C'est d'ailleurs une posture essentiellement défensive qu'arbore le premier État islamique. À cette époque, les radicaux affrontent le « sursaut » (*surge*) de l'armée américaine et de milices tribales solidaires réunies au sein du mouvement du « Réveil » (*Sahwa*). Ces tribus lésées par la guerre entendent se débarrasser de l'État islamique présent dans leurs localités et lui disputent la mainmise sur la contrebande pétrolière. Si Carter Malkasian évoque à ce titre l'illusion de la victoire du côté américain[12], cette illusion est amplement partagée par les jihadistes eux-mêmes. De fait, s'ils ne remportent pas de victoire décisive, les États-Unis contrecarrent, par cette alliance avec des acteurs qui leur étaient auparavant hostiles, les velléités spatiales de l'État islamique. Pour la première fois dans l'histoire du conflit irakien, la sécurité s'améliore là où les jihadistes avaient fait régner la violence. En 2011, lorsque Washington entérine son retrait d'Irak, l'État islamique est revenu à sa forme embryonnaire initiale, inapte à conduire d'autres attaques spectaculaires, privé d'une partie de ses chefs (éliminés ou emprisonnés), dépossédé de tout territoire et réduit au secret[13].

---

12. *Illusions of Victory. The Anbar Awakening and the Rise of the Islamic State*, New York, Presses universitaires d'Oxford, 2017.

13. *A contrario*, comme le souligne Donatella della Porta, réputée pour ses travaux sur les mouvements sociaux, quitter une situation de clandestinité est souvent lié à la perception parmi les activistes que l'environnement ne se prête plus à la lutte et que les signes de défaite sont présents. Lire *Clandestine Political Violence*, Cambridge, Presses universitaires de Cambridge, 2013, p. 269.

*Entre clandestinité, rejet et impuissance*

L'argument de la reconstitution de l'État islamique au cours de la phase « dormante » qui suit est lui aussi fébrile. Certes, en se rebaptisant « État islamique en Irak et au Levant » au mois d'avril 2013, le mouvement entend faire une démonstration de force. Au même moment, il demeure replié dans la ville de Mossoul et la province de Ninive, et dépend principalement d'activités criminelles pour subsister[14]. L'important capital financier qu'il a acquis par différents trafics l'a alors déjà délégitimé aux yeux d'un grand nombre d'Irakiens, tout en conduisant à d'occultes tractations avec des forces locales corrompues (dignitaires religieux et tribaux, éléments de l'armée irakienne). Les jihadistes négocient avec ces acteurs leur ultime assaut. Mossoul tombe aux mains de l'État islamique en 2014, moins en raison de ses capacités militaires que des complicités dont les jihadistes bénéficiaient depuis des années. Des acteurs sunnites irakiens ont également rejoint la mouvance jihadiste au lendemain de l'effroyable répression initiée par l'ancien Premier ministre Nouri al-Maliki dans leurs régions, tandis que la guerre civile en Syrie procure à l'État islamique de nouvelles opportunités stratégiques.

Pour se reconstituer, il a en outre fallu à l'État islamique arranger l'évasion de prison d'un certain nombre de ses gradés

14. Patrick Blannin, « Islamic State's Financing: Sources, Methods, and Utilisation », *Counter Terrorist Trends and Analyses*, vol. 9, n° 5, 2017, p. 13-22.

et combattants, comme au cours de l'opération « Abattre les murs » en 2012. Le mouvement est contraint de multiplier les attaques contre les forces irakiennes pour retrouver une présence dans des provinces comme Al-Anbar, Salahaddin, Ninive, Diyala, de même que dans la périphérie de Bagdad. C'est au cours de cette période, celle précédant immédiatement la proclamation du « califat », que les jihadistes s'aveuglent à propos des chances de succès d'une guerre plus régulière contre leurs adversaires. Jusqu'au mois de mai 2015, marqué par la bataille de Ramadi, ils résistent difficilement aux assauts de la coalition, à la résistance de volontaires majoritairement chiites, regroupés au sein de la « Mobilisation populaire »[15], et au retour relatif de l'armée irakienne à travers ses unités d'élite, avant de commencer à péricliter en 2017. Le projet territorial de l'État islamique est anéanti et ses survivants obligés de trouver refuge dans le désert et certaines campagnes – repli géographique documenté par plusieurs observateurs crédibles[16].

La disproportion des forces assurait au demeurant la victoire alliée. Mais l'on peut s'étonner du peu de résistance opposée par l'État islamique pour préserver ses bastions, là où il avait combattu depuis le renversement du régime baathiste en 2003, et de la célérité de sa retraite le long

15. En arabe *Hachd al-cha'abi*, cette mobilisation est le fruit de l'appel lancé par le Grand Ayatollah Ali al-Sistani pour préserver Bagdad et les principaux lieux saints chiites d'Irak.

16. Khaled Y. Oweid, « Backbone of the Syrian Revolt », rapport de la Fondation Science et politique (SWP), 2015.

de la vallée de l'Euphrate[17]. N'avait-il pas en effet promis à la coalition une lutte sans relâche, jusqu'à la dernière goutte de sang ? Jusqu'aux cercles fermés du Pentagone tablaient sur une année supplémentaire d'affrontements pour venir à bout du groupe terroriste. Or, partout où il s'était implanté, c'est presque systématiquement par le retrait à la hâte que l'État islamique, assiégé puis écrasé, a fini par prendre acte de sa défaite[18].

Pour sauver la face, le mouvement a ensuite volontiers dépeint sa déroute comme une étape transitoire avant son triomphe final, invitant ses membres à la patience et au sacrifice de soi. Il n'en demeure pas moins qu'au-delà des seuls discours de propagande, les faits parlent pour eux-mêmes : l'État islamique a essuyé de tels dégâts qu'il lui est aujourd'hui impossible de dépasser son état de soulèvement de faible intensité. Il opère donc dans un espace restreint et sa trajectoire, considérée au long cours, tend plutôt vers sa non-reconstitution.

---

17. Nouar Shamout et Glada Lahn, « The Euphrates in Crisis. Channels of Cooperation for a Threatened River », rapport du centre de recherche Chatham House, 2015.

18. Le caractère inatteignable de la victoire ne signifie pas pour autant la fin de la mobilisation armée, ce qui impose de se pencher étroitement sur le « comment » et le « pourquoi » de sa rémanence. Lire Anthony Vinci, *Armed Groups, and the Balance of Power. The International Relations of Terrorists, Warlords and Insurgents*, Abingdon, Routledge, 2008.

# Organisation : leadership assailli, mobilisation brisée

Par-delà sa débâcle territoriale, l'État islamique est sorti vaincu de la campagne de contre-insurrection au niveau organisationnel. Sa défaite est d'autant plus écrasante, à ce titre, que les jihadistes s'étaient méticuleusement employés à bâtir, sophistiquer et consolider au fur et à mesure leurs structures. Les principaux commandants du groupe sont traqués et tués. Parallèlement, la mobilisation jihadiste décroît de manière substantielle : des 40 000 partisans issus de 110 pays qui avaient rejoint l'État islamique, selon des statistiques croisées, il ne reste que quelques milliers d'âmes en peine, dispersées ici et là. Au fil des percées réalisées par ses ennemis, abruptes au sol comme dans les airs, l'organisation politique et administrative de l'État islamique se délite. Comment ne pas distinguer les failles intrinsèques qui ont toujours caractérisé le fonctionnement du mouvement depuis sa création ? D'un cycle de vie à l'autre, jamais en effet l'État islamique n'a réussi à unifier ses rangs et à fonder un « État » autre que terroriste et fictif.

Mettons d'emblée en regard quelques données chronologiques : courant 2006, la refonte de la branche irakienne d'Al-Qaïda, qui avait échappé de peu à l'annihilation totale lors des batailles de 2004, à Fallouja, face à l'armée américaine, accouche d'une première version de l'État islamique, qui est récusée à la fois par les civils et autres factions armées ; puis en 2013, le mouvement effectue une nouvelle mue en élargissant sa base en Syrie, dans un cadre qui ne lui est cependant guère plus favorable. Premièrement, soulignons que l'entité islamiste reste contingente : *Cham*, « Levant » en arabe, revêt en effet des significations disparates. Doit-on englober Damas et sa périphérie ? L'État-nation syrien tout entier ? Ou la « Grande Syrie » (*Bilad al-Cham*), qui désigne la région du Moyen-Orient liant la Syrie, le Liban, la Jordanie et la Palestine historique, voire également l'Irak, le Koweït et une partie du désert d'Arabie ?[1] Deuxièmement, l'État islamique se heurte à de vives résistances, constat valable sur d'autres terrains : en Afghanistan, par exemple, Niamatullah Ibrahimi relevant avec justesse comment l'État islamique et sa « province du Khorasan » sont devenues la bête noire des talibans[2]. Troisièmement, comme l'explique Maria-Louise Clausen, le projet d'État islamique ne repose pas dans les faits sur une quelconque

1. Lire Ruiheng Li, « A Preliminary Study on the "Islamic State" Thought in Modern Islamism », *Journal of Middle Eastern and Islamic Studies (in Asia)*, vol. 10, n° 4, 2016, p. 20-38.

2. « Intra-*Jihadist* Conflict and Cooperation: Islamic State-Khorasan Province and the Taliban in Afghanistan », *Studies in Conflict & Terrorism*, vol. 43, n° 12, 2019, p. 1086-1107.

« unité » – argument de pure propagande – mais sur la ségrégation et la sujétion[3].

### *Une ambition politique vite contrecarrée*

La défaite de l'État islamique se mesure à l'aune de ces résistances précoces. Il est utile, à cet effet, de rappeler que les dirigeants d'Al-Qaïda estimaient, dès 2004, que les circonstances n'étaient pas favorables à l'établissement en Irak d'un tel émirat, et que la sécession opérée par l'État islamique ne pourrait qu'accentuer la guerre confessionnelle entre sunnites et chiites et discréditer la cause jihadiste[4]. Cette guerre est concrètement advenue après l'attentat à l'explosif à Samarra en 2006 contre le sanctuaire chiite de Samarra renfermant le mausolée des imams Ali al-Hadi et Hassan al-Askari, dixième et onzième figures vénérées dans le chiisme. Analysée au prisme des conflits civils meurtriers qu'il a déclenchés, la défaite de l'État islamique est aussi la conséquence de son action horrifique. Méthodes mafieuses, enlèvements contre rançons, pratique de l'extorsion, attentats-suicides, assassinats : autant de nuisances, de délits et de crimes qui ont valu au groupe de sérieuses réprobations de la part de ses pairs et d'âpres rancœurs populaires, avant le rejet définitif de son proto-État. La théorie des conflits

3. « Unity, Segregation, and Obedience: Islamic State's Use of Quranic Verses and How It Relates to State-Building », *Studies in Conflict & Terrorism*, 2020 (consultable en ligne).

4. Aureo de T. Gomes et Michelle M. Mikhael, « Terror or Terrorism? Al-Qaeda and the Islamic State in Comparative Perspective », *Brazilian Political Science Review*, vol. 12, n° 1, 2018, p. 1-27.

asymétriques montre que si de grandes nations militaires peuvent perdre de « petites guerres » lorsqu'elles font face à des acteurs non étatiques jouissant d'un soutien parmi les civils, un soulèvement armé ne peut quant à lui perdurer lorsqu'il est coupé de cette assise populaire[5].

Ajoutons que l'idéologie jihadiste ne s'est jamais « massifiée » au sol. Les « raids » lancés par l'État islamique en Irak, en Syrie et au-delà, ont souvent davantage procédé de marchandages. Dans le contexte irakien, il est ainsi de notoriété publique que l'État islamique a acheté la complicité d'officiers sunnites et profité du peu de compétence et de professionnalisme de l'appareil sécuritaire officiel. Des travaux comme ceux d'Ibrahim al-Marashi insistent en ce sens sur l'importance d'une historicisation plus nuancée du désastre qui est survenu[6]. Pour cause, la défaite n'est pas uniquement celle de l'État islamique : que dire, en effet, des troupes irakiennes et syriennes vaincues et impuissantes face aux jihadistes, incapables de sauver l'intégrité territoriale et politique de leurs nations respectives ? Comment s'émouvoir du pouvoir engrangé par des milices quand les armées locales n'endossent plus aucune fonction ? Inna Rudolf souligne la connotation « sacrée » de la mobilisation chiite contre les jihadistes à compter de 2014 et montre comment cette

5. Lire Andrew Mack, « Why Big Nations Lose Small Wars: The Politics of Asymmetric Conflict », *World Politics*, vol. 27, n° 2, 1975, p. 175-200.

6. Ibrahim al-Marashi, « Disbanding and Rebuilding the Iraqi Army: The Historical Perspective », *Middle East Review of International Affairs (MERIA)*, vol. 11, n° 3, 2007, p. 42-53.

communauté martyrisée par l'État islamique a fini par se substituer à un État central largement en déliquescence[7].

Il va sans dire que l'exécution abjecte, la même année, des deux journalistes américains James Foley et Steven Sotloff par un jihadiste britannique encagoulé du nom de « Jihadi John » – référence à la cellule à laquelle celui-ci appartenait, baptisée « Beatles » – au milieu du désert n'a fait qu'exacerber le rejet profond de l'État islamique. Conjuguée à la mobilisation des chiites et à celle des Kurdes, l'opération « Résolution Inhérente » (*Inherent Resolve*) décrétée par Barack Obama n'a par la suite laissé aucun répit aux terroristes. L'État islamique et son capital ont été littéralement pilonnés par un tapis de frappes aériennes[8]. Cette opération a causé un contrecoup aussi véloce que décisif à l'ambition des militants ultraradicaux. En l'espace de quelques jours, des centaines, puis bientôt des milliers de soldats américains et occidentaux ont été dépêchés sur zone en appui aux forces irakiennes et syriennes. La négation viscérale de l'État islamique par ces protagonistes s'est traduite par la formation d'une ample coalition résolue à le mettre en échec. Rapidement, les Kurdes ont enchaîné les victoires, reprenant village après village (dont Kobané en Syrie, ainsi que le mont Sinjar et le barrage de Mossoul en Irak), tandis que des villes sunnites telles Tikrit et Ramadi

7. Inna Rudolf, « Holy Mobilisation: The Religious Legitimation behind Iraq's Counter-ISIS Campaign », rapport du Centre international d'étude de la radicalisation et de la violence politique (ICSR), 2018.

8. Andrew Mumford, *The West's War Against Islamic State Operation Inherent Resolve in Syria and Iraq*, I. B. Tauris, 2021.

ont été reconquises par l'armée irakienne appuyée par la Mobilisation populaire courant 2015.

D'une part, la défaite de l'État islamique est indissociable du fait qu'il n'a pas su garder indemne son schéma organisationnel face à une constellation d'ennemis intérieurs comme extérieurs[9]. En réponse à ses revers, le mouvement a certes tenté de transnationaliser son action, suivant une logique de migration militaire destinée à créer d'autres guerres civiles en dehors de sa base syro-irakienne[10]. Mais cette stratégie n'a conduit à aucun résultat probant et définitif. D'autre part, la défaite de l'État islamique relève de la consolidation continue de la réponse internationale contre lui, soutenue au sol par des acteurs armés déterminés à s'émanciper coûte que coûte de l'étau jihadiste. Après la série d'attentats perpétrés par ses membres en novembre 2015, ayant provoqué la mort de 130 personnes, la France s'est ainsi lancée dans une guerre d'extermination contre l'État islamique.

### *Des chefs jihadistes épuisés puis éliminés*

La défaite de l'État islamique s'évalue dans un second temps au prisme du ciblage constant et méthodique de ses principaux commandants. S'il est manifeste que le leadership jihadiste a

9. Au camp occidental s'ajoute la Russie, dont l'entrée en guerre contre les jihadistes est relativement tardive et fait suite à l'attaque d'un avion civil russe au-dessus de Charm el-Cheikh.

10. Martha Crenshaw, « Transnational Jihadism & Civil Wars », *Doedalus, the Journal of the American Academy of Arts & Sciences*, n° 4, 2017, p. 59-70.

réussi à se régénérer partiellement, malgré l'intensification des opérations militaires le visant et de pertes humaines croissantes, ce commandement a toujours souffert de faiblesses considérables. En premier lieu, des rivalités ont toujours opposé ses chefs, sur fond d'ambitions contradictoires. En second lieu, les premiers cercles du mouvement ont été infiltrés : ainsi, en février 2022, le renseignement militaire américain est parvenu à identifier la localisation de l'émir jihadiste devenu calife Abou Ibrahim al-Qouraychi, caché dans le village d'Atmeh, dans la province syrienne d'Idlib, frontalière de la Turquie, alors qu'aucun résident ne soupçonnait sa présence. Soulignons de plus qu'une certaine « construction » fantasmée des figures de l'État islamique a contribué à ancrer une image faussée de leurs parcours, paradoxalement d'ailleurs au profit des militants. Citons le cas emblématique d'Abou Mousab al-Zarqawi : quoique ce dernier ait joué un rôle important dans la conduite du jihad irakien, son influence n'a-t-elle pas été exagérée ? Il s'agit de l'hypothèse formulée par Donald Reed, qui s'interroge par ce biais sur la pertinence des outils de la « guerre contre la terreur »[11].

Al-Zarqawi ne manquait ni de charisme, ni de visibilité, mais il n'était pas plus influent que d'autres combattants. Qu'importe l'ascendant qui fut réellement le sien, il servait surtout à galvaniser les partisans du mouvement. Comme le souligne encore Brian Fishman, sa disparition a fait surgir

11. Donald Reed, « On Killing al-Zarqawi – Does United States Policy Know its Tools in the War on Terror? », *Homeland Security Affairs*, n° 2, 2006, p. 1-8.

une série de dilemmes tactiques, sans pour autant réellement influer sur le cours des événements[12]. Dans quelle mesure Al-Zarqawi a-t-il transformé la mouvance jihadiste à plus large échelle, de même que sa nature au Moyen-Orient et dans le monde musulman ? Quel est vraiment son héritage parmi les mouvances qui se sont adossées à l'État islamique ? N'était-il qu'un « renégat », pour reprendre une idée proposée par Anthony Celso ?[13] Des personnalités tel son ancien « ministre de la guerre », l'Égyptien Abou Hamza al-Mouhajer, endossaient-elles une fonction quelconque au-delà du pur exercice de propagande ? À l'exception de son passé islamiste et de sa participation au jihad afghan, de quelles informations disposons-nous véritablement au sujet du Jordanien et des raisons de son aura au sein de la nébuleuse militante ? Dans quelle mesure son hostilité envers l'Occident lui aurait-elle valu une notoriété supérieure alors que tous les jihadistes partagent une même haine de leurs ennemis déclarés ?

Beaucoup reconnaissent aujourd'hui que les figures maîtresses de l'État islamique étaient pour la plupart des Irakiens. Le premier successeur d'Al-Zarqawi, Abou Omar al-Baghdadi, jouissait, de ce point de vue, d'une légitimité attribuable à sa nationalité et à sa carrière dans l'ancienne armée. Son assise lui assurait aussi un accès simplifié aux réseaux de combattants et un ample réseau de complicités. Il n'en est pas moins éliminé dans une frappe aérienne ciblée

12. « After Zarqawi: The Dilemmas and future of Al Qaeda in Iraq », *The Washington Quarterly*, vol. 29, n° 4, 2006, p. 19-32.

13. « Zarqawi's Legacy: Al Qaeda's ISIS "Renegade" », *Mediterranean Quarterly*, vol. 26, n° 2, 2015, 2015, p. 21-41.

au mois d'avril 2010, après avoir dirigé pendant quatre ans l'État islamique. Al-Baghdadi a également échoué à imposer le projet jihadiste parmi les communautés sunnites, qui dans leur écrasante majorité n'y ont jamais vu un horizon politique acceptable. À l'instar de ses successeurs, il a semé le chaos et la guerre civile par d'abjects attentats contre les civils. Cette optique avait déjà valu à Al-Zarqawi de vives critiques. Al-Qaïda, en particulier, considérait que la guerre contre les chiites représentait un danger plus grand encore que l'occupation, synonyme de *fitna* (scission) entre les musulmans[14].

Sur bien des aspects, la défaite de l'État islamique est donc celle de ses dirigeants. À son tour tué dans une frappe de la coalition à l'automne 2019 en Syrie, Abou Bakr al-Baghdadi était assez peu connu avant son auto-proclamation comme « calife » dans la mosquée Al-Nouri de Mossoul. Ses fidèles le dépeignent volontiers comme un combattant de la première heure, un « érudit » de l'islam, mais les données sur sa biographie demeurent lacunaires. Soutenir, par ailleurs, que son adhésion au salafisme au cours des années 1990, suivie de l'obtention d'un diplôme d'études coraniques et de sa détention par l'armée américaine à Camp Bucca, en faisait nécessairement une figure centrale laisse songeur[15]. Qu'il s'agisse du contexte de son arrivée

14. Lire Pierre-Jean Luizard, « Sunnites, chiites, la seconde grande fitna », *Annuaire IEMed de la Méditerranée*, 2016, p. 40-44.

15. Anne Speckhard (*et al.*), « Déserteurs de l'EIIL ou simples revenants, et pour combien de temps ? Les défis pour l'Occident face au retour des combattants étrangers », *ASPJ – Afrique & Francophonie*, p. 26-50, 2018.

à la tête de l'État islamique, comme de ses rapports aux autres jihadistes, l'histoire est dans les faits encore drapée de mystère. Symptomatiquement, Al-Baghdadi n'aura pas non plus échappé à la chasse à l'homme organisée pour le capturer et l'éliminer.

## *Déboires, désengagement, démobilisation*

Conséquence logique, la débâcle de l'État islamique a provoqué une démobilisation dans ses rangs, Stefan Heißner attirant l'attention sur la corrélation entre la perte des ressources du groupe et le déclin de son projet califal[16]. Lorsqu'ils n'ont pas été tués dans les combats, les jihadistes ont fui les régions reprises par la coalition en se dispersant. Pour les plus endurcis, convaincus d'une résurrection à venir de l'État islamique[17], cette défaite devait être lue comme une séquence de tourmente et d'épreuves envoyée par Dieu pour « tester » la foi des fidèles. Avant de ressurgir plus farouchement encore, les jihadistes devraient se réfugier dans la clandestinité, le silence et le secret. L'usure était pourtant palpable chez les militants qui avaient assisté, impuissants, à une cuisante défaite militaire.

---

16. Stefan Heißner (*et al.*), « Caliphate in Decline: An Estimate of Islamic State's Financial Fortunes », rapport du Centre international d'étude de la radicalisation et de la violence politique (ICSR), 2017.

17. Il s'agit du titre évocateur d'un essai publié par Carter Andress, dans lequel ce *contractor* américain décrit comment l'État islamique n'a cessé d'être une résurrection d'une phase de son existence à l'autre. Lire *Victory Undone: The Defeat of Al-Qaeda in Iraq and its Resurrection as ISIS*, Washington, DC, Regnery Publishing, 2014.

Plus particulièrement, la déception a été immense parmi les étrangers venus par milliers s'adosser à la cause de l'État islamique. D'une part, au rêve d'un émirat autonome, « vendu » par les idéologues du groupe comme un « paradis sur terre »[18], ont vite succédé désenchantement et dégoût face aux innommables exactions commises contre les populations[19]. De l'autre, les divergences entre jihadistes sur la question des cibles, des modes opératoires et sur le traitement des civils se sont accentuées au fil des mois. L'application aveugle du *takfir*, « excommunication » en arabe, c'est-à-dire le fait d'exclure un musulman de la communauté des croyants et par conséquent de rendre licite son assassinat, a toujours été considérée par les rivaux de l'État islamique comme l'une des causes essentielles de sa défaite. Comme le relève Jamileh Kadivar, l'ultraviolence de la propagande takfiriste nourrie par l'État islamique et diffusée par ses « médias » a amplement contribué à cette démobilisation[20].

Et ce désengagement va plus loin encore. Il ne touche pas seulement les témoins des pires atrocités, il est un réflexe partagé par d'autres militants, en particulier ceux

18. Samuel P. Perry et Jerry M. Long, « "Why Would Anyone Sell Paradise?": The Islamic State in Iraq and the Making of a Martyr », *Southern Communication Journal*, vol. 81, n° 1, 2016, p. 1-17.

19. Anne Speckhard et Ahmet S. Yayla, « Eyewitness Accounts from Recent Defectors from Islamic State: Why They Joined, What They Saw, Why They Quit », *Perspectives on Terrorism*, vol. 9, n° 6, 2015, p. 95-117.

20. « Exploring Takfir, Its Origins and Contemporary Use: The Case of Takfiri Approach in Daesh's Media », *Contemporary Review of the Middle East*, vol. 7, n° 3, 2020, p. 1-27.

placés à des fonctions moins élevées dans la hiérarchie de l'organisation terroriste et qui l'avaient souvent rejointe avec naïveté, dans un souci « humanitaire » – venir en aide aux civils irakiens et syriens, blessés ou tués dans les bombardements étrangers[21]. Les habitants ordinaires ont pris d'autant plus facilement acte de la défaite de l'État islamique qu'ils avaient au premier plan pâti de son règne de la terreur, subissant quotidiennement sa violence et ses exactions[22]. Au terme d'années de destructions, peu étaient celles et ceux qui adhéraient encore au projet des jihadistes ou lui apportaient un quelconque soutien. Au contraire, d'anciens membres de l'État islamique évoquent aujourd'hui une « trahison » lorsqu'ils se remémorent la défaite du groupe et ses circonstances.

En l'état, l'État islamique est très clairement privé de toute organisation viable et il est inconcevable qu'il réussisse à reconstituer ses structures dans un avenir proche. De surcroît, toute action collective rationnelle et disciplinée susceptible d'articuler pareille reconstitution s'est dissipée dans le feu de la défaite. Ses dirigeants n'ont ainsi plus les moyens d'enrôler de manière rangée et profuse. L'unité a été succincte et la cruauté des jihadistes envers les civils a

21. Repris *ad nauseam* dans la propagande jihadiste, ce thème vise à créer un « choc moral » parmi ses sympathisants, lequel, par voie de conséquence, les incitera à rejoindre l'État islamique et à se venger en son nom.

22. Naomi Kikoler et Sean Langberg, « Communities at Risk: Protecting Civilians in the Fight Against the Islamic State », rapport du Centre Simon-Skjodt pour la prévention du génocide, Musée mémorial de l'Holocauste aux États-Unis, 2016.

drastiquement réduit leur ancienne base partisane. Partout où l'État islamique s'est installé, de son terreau moyen-oriental aux confins de l'Asie et de l'Afrique, ses membres ont martyrisé les sociétés locales, exposées à leurs agissements barbares, lorsqu'ils ne les ont pas ruinées au point que certains chercheurs évoquent une « ritualisation de la destruction »[23] et, ce faisant, de la défaite.

23. Sofya Shahab et Benjamin Isakhan, « The Ritualization of Heritage Destruction under the Islamic State », *Journal of Social Archaeology*, vol. 18, n° 2, 2018, p. 212-233.

# Routine : l'échec de l'entreprise de bureaucratisation

Outre les facteurs organisationnels imputables aux échecs de l'État islamique, sa défaite est celle d'une « routine », à savoir la bureaucratisation du mouvement. Par « bureaucratisation », il faut comprendre la capacité à formaliser, institutionnaliser un projet politique panislamiste, qu'Aymenn al-Tamimi a très bien documenté sous le nom d'« administration de l'État islamique »[1]. La défaite de ce proto-État laisse ainsi voir la vacuité des « ministères » et administrations nationales et locales dont l'État islamique a revendiqué le contrôle. Loin d'être en mesure d'instituer des organes propres, l'État islamique a le plus souvent repris à son compte les institutions existantes dans les terres conquises par lui. De la même manière, en quoi a-t-il innové sur un plan politique en ne faisant que reproduire, *in fine*, une vieille division du travail bien connue, au travers d'une répartition stricte des tâches entre « soldats », fonctionnaires,

1. « The Evolution in Islamic State Administration: The Documentary Evidence », *Perspectives on Terrorism*, vol. 9, n° 4, 2015, p. 117-129.

enseignants, médecins ? Prise sous cet angle, sa défaite n'est-elle pas plus retentissante encore ?

Rappelons que l'État islamique s'est attaché, tout au long de sa quête d'étatisation, à mettre en avant cette édification bureaucratique par le truchement d'une riche propagande. D'aucuns se sont aventurés, à ce titre, sur le terrain d'une lecture « étatisante » du mouvement jihadiste en lui reconnaissant, même indirectement ou de manière inconsciente, une réalité institutionnelle. Parmi les différents arguments avancés, la capacité dont aurait fait montre l'État islamique à administrer des territoires, à y lever l'impôt (*jizya*) et à y entraîner des combattants[2]. Dans une même veine, on a pu entendre que l'État islamique avait construit une entité indépendante et souveraine sur un espace déterminé, et qu'il était donc difficile de lui nier la qualité d'État. Qu'en est-il dans les faits ? Ne faut-il pas précisément se garder de lui reconnaître cette qualité tant le terrorisme qui est sa marque de fabrique foncière et sa défaite le dépossèdent *de facto* de ce statut ?

### *Définitions contraires, non-reconnaissance*

Tout d'abord, notons que la formation d'un État est généralement davantage une question de fait que de droit. Or, ce que l'on entend par « fait » reste sujet à d'importantes controverses. La théorie « déclaratoire » formule, d'une part, l'hypothèse selon laquelle un État peut exister en dehors

2. Lire Brynjar Lia, « Doctrines for Jihadi Terrorist Training », *Terrorism and Political Violence*, vol. 20, n° 4, 2008, p. 518-542.

de sa reconnaissance par ses pairs. Son principe fondateur repose alors moins sur sa légitimité que sur son efficacité. En d'autres termes, un État peut exister par le seul fait de se comporter comme tel. Le propos précédent a souligné, outre la mise en place d'une « police des mœurs islamique » (*hisba*)[3] héritée d'un autre âge, la récupération par l'État islamique d'institutions, de cours de justice, d'une bureaucratie, d'une armée et d'un pouvoir exécutif dans les zones conquises par lui. Récupération d'autant plus surprenante que le « califat » promettait un horizon politique neuf et qu'il s'est donc plutôt appuyé sur des structures sociopolitiques existantes. De plus, derrière la remise en état ou la construction d'infrastructures, ainsi que le fait d'offrir des services publics (eau, électricité), présentés comme une « victoire », il serait vain de fermer les yeux sur l'obscurantisme des jihadistes et ses manifestations diverses : instauration de programmes éducatifs fondamentalistes, comprenant notamment l'endoctrinement des enfants, comme les a étudiés Gina Vale dans un rapport publié en 2018[4], de même que l'établissement d'un ordre public strict obéissant aux règles salafistes les plus rigoristes.

Ensuite, un État possède des caractéristiques exclusives et générales, la capacité d'accomplir des actes politiques et administratifs, de mener de manière autonome ses affaires

3. Ssuna Salim (*et al.*), « Wilayat Al-Hisba: A Means to Achieve Justice and Maintain High Ethical Standards in Societies », *Mediterranean Journal of Social Sciences*, vol. 6, n° 4, 2015, p. 201-206.

4. « Cubs in the Lions' Den: Indoctrination and Recruitment of Children Within Islamic State Territory », rapport du Centre international d'études de la radicalisation et de la violence politique (ICSR), 2018.

internes, de ne pas se soumettre aux décisions internationales qui vont contre sa volonté. Il est vrai que la définition exacte d'un État est non conclusive. Mais ces quelques considérations suffisent à nier à l'État islamique toute réelle identité étatique. Au prisme du droit international, il n'a jamais rempli les critères typiques d'un État et il s'agit ici d'une autre défaite cinglante. L'acquisition du statut d'État requiert, sur le plan des normes, de satisfaire à plusieurs critères et paramètres. L'indépendance, en premier lieu, qui est un prérequis à la définition d'un État comme entité territoriale distincte et libre dans l'exercice de ses prérogatives et de ses prises de décisions, qu'elles soient politiques, sociales, économiques ou financières. Sur cet aspect, l'indépendance postulée de l'État islamique n'a jamais été authentique et ne le sera jamais dès lors que sa défaite est actée.

La reconnaissance est un autre paramètre clé. La théorie dite « constitutive », qui prend le contre-pied de l'approche déclaratoire, nécessite en effet d'un État qu'il soit reconnu pour exister, avant d'obtenir des droits et devoirs attachés à ce même caractère. Le critère est la légitimité, qui dépend de cette reconnaissance et non d'un fait établi, lequel ne saurait à lui seul emporter d'effets juridiques. La reconnaissance se traduit, pour les nations, par l'obtention d'un statut de membre au sein des Nations unies ou, *a minima*, l'acceptation d'un État par autant de ses homologues que possible, ce qui n'a jamais été le cas pour l'État islamique, bien au contraire. Les jihadistes se sont mis à dos la quasi-totalité des nations du monde, une soixantaine d'entre elles s'engageant prestement au sein de la coalition en vue de le démanteler.

L'État islamique n'est ni reconnu, ni légitimé, et ne le sera jamais. En l'absence de reconnaissance, la prétention des jihadistes à s'être dotés d'un État souverain était compromise dès l'origine et leur dessein politique en quelque sorte mort-né.

Autre paramètre primordial, et non des moindres : des normes péremptoires desquelles aucun État ne peut déroger, conformément à la Convention de Vienne. Or, l'État islamique a bafoué, sans aucun scrupule, l'ensemble des fondements régissant l'ordre international : interdiction de commettre un génocide et de recourir à la force armée autrement qu'en cas d'auto-défense ; coopération pacifique entre nations pour protéger leurs intérêts mutuels ; respect des droits humains fondamentaux, comme la protection des civils en temps de guerre. Au regard de ces règles, l'État islamique ferait presque figure d'« anti-État ». Ajoutons que la Convention de Montevideo de 1933, qui offre la définition la plus largement acceptée de l'État, énonce un nombre de devoirs et de droits. Tout État, au sens de « personne internationale », doit ainsi posséder quatre attributs majeurs : une population permanente ; un pouvoir sur un territoire ; un gouvernement ; la capacité d'entretenir des relations avec les autres États. Autant de propriétés venant encore une fois sanctionner la débâcle de l'État islamique.

### *Population fluctuante, frontières incertaines*

On pourrait rétorquer à cet argumentaire que la Convention de Montevideo ne spécifie pas le nombre minimal d'habitants nécessaire à la qualification d'État. Or, il demeure admis que la population doit être stable et sédentaire. Au sommet de son emprise entre l'Irak et la Syrie, l'État islamique contrôlait une population de plus de six millions d'habitants, chiffre qui n'a toutefois cessé d'évoluer au gré de ses avancées et de ses reculs, de ses gains et de ses pertes territoriales. Le mouvement n'a jamais possédé de population permanente au sens strict du terme. N'est-ce pas là une autre variable fondamentale de sa défaite ? Dans la majorité de ses provinces « franchisées » (Égypte, Libye, Afghanistan, Pakistan, Nigeria, Mozambique), l'absence d'une population pérenne sous gouverne jihadiste est plus manifeste encore. Les combattants peuvent par ailleurs eux-mêmes être considérés comme « nomades » : de fait, ils se déplacent d'un théâtre de guerre à l'autre. Enfin, nombre de militants étaient ressortissants d'États étrangers et ont regagné leurs pays d'origine au lendemain de la défaite, provoquant dans leur sillage un dépeuplement du califat[5].

Caló et ses collègues s'interrogent ainsi sur l'identité de l'État islamique : est-il un « État-nation », au sens moderne du terme, alors qu'il se réfère, selon une terminologie médiévale, à l'idée d'« oumma », mot désignant la communauté

5. Ce processus greffe sur la défaite de l'État islamique une triple composante politique, sociétale et symbolique, dans une optique holistique. Certes, la chronologie rappelle que les jihadistes avaient eux-mêmes commencé à opérer dans des zones largement dépeuplées et isolées sous les effets de la guerre, mais ils n'ont fait qu'exacerber cette logique par leur brutalité. Les civils ont fini par fuir les régions sous son contrôle, de manière massive.

des musulmans ?[6] Sa prétention « globale », au détriment de la recherche d'intérêts « nationaux », est-elle un signe de puissance ? De plus, en quoi l'oumma comme point de référence éclaire-t-elle la déroute jihadiste ? Tout d'abord, l'oumma ne suppose qu'une orientation collective vers des actions qui distinguent les fidèles des non-musulmans mais ne nécessitent pas d'ancrage spatial particulier. Doit-on y voir une autre variable de la défaite de l'État islamique ? L'oumma contraste avec la nation, qui se définit tantôt comme « naturelle », tantôt comme « imaginée », fruit d'évolutions politiques et socio-économiques singulières. Dans l'islam, l'oumma n'est cependant ni biologique ni fabulée. Elle implique seulement l'existence d'une affinité spirituelle et idéologique sans ancrage physique. Elle ne dépend pas non plus du nombre ou d'une organisation politique distincte[7]. Enfin, si une nation recherche toujours un soubassement étatique pour survivre, l'oumma a besoin d'arrangements institutionnels par pur pragmatisme. Théoriquement, l'absence d'État ne se traduit donc ni par sa dégradation, ni par sa disparition.

Ajoutons que l'oumma est une communauté qui suit l'autorité d'un imam, dont la fonction diffère fondamen-

---

6. Ben Caló (*et al.*), « Islamic Caliphate or Nation State? Investigating the Islamic State of Iraq and the Levant's Imagined Community », *Nations and Nationalism*, vol. 26, n° 3, 2020, p. 727-742.

7. Certains spécialistes estiment que le prophète Mahomet était à lui seul une oumma. Lire Mohamed-Chérif Ferjani, « À propos de la notion de 'umma (oumma) : les maux d'un mot », *in* Sylvianne Rémi-Giraud et Pierre Rétat (dir.), *Les mots de la nation*, Presses universitaires de Lyon, 1996.

talement de celle d'un chef d'État[8]. Dans la tradition sunnite, celle dont se réclame pourtant l'État islamique, ce chef n'est ni souverain, ni législateur, ni juge. Il a pour fonction de coordonner les affaires de la communauté et de s'assurer de l'observance des règles religieuses. L'imam est un administrateur autant qu'un enseignant, de même qu'un modèle pour ceux qui le suivent dans la foi. Par conséquent, s'il est admis que l'absence d'imam peut objectivement affaiblir la communauté musulmane, un défaut d'État n'emporte aucune conséquence existentielle vis-à-vis de cette communauté. Parmi ses attributions, un imam peut symboliquement se substituer à l'État : sa tutelle suffit en effet à appliquer les châtiments divins, à défendre le droit des croyants, à protéger le « domaine de l'islam » (*dar al-islam*), à récolter l'impôt (conformément à la loi islamique), à nommer des représentants à certains postes officiels et à remplir d'autres tâches administratives comme la sécurité aux frontières ou encore la gestion des dépenses communes.

La définition de l'oumma par l'État islamique est par conséquent relativement éloignée de la conception traditionnelle, et en cela, une autre source de sa défaite. Les civils entraînés contre leur volonté sous sa coupe rendent compte, par leurs différents témoignages, de cette « promesse étatique » rompue. Dans les territoires annexés, les combattants n'avaient-ils pas en effet garanti aux habitants de prendre

8. En arabe, le concept d'État est d'ailleurs rendu par le mot *dawla* qui est distinct de l'imamat, *imama*.

le relais d'États défaillants – ou tout simplement faillis – et accusés d'avoir délaissé leurs fonctions régaliennes ? Jamie Hansen-Lewis et Jacob Shapiro soulignent comment les militants avaient promis aux fonctionnaires le triplement de leurs salaires[9]. Les jihadistes ne s'étaient-ils pas aussi engagés pour la réhabilitation des infrastructures (routes, immeubles, hôpitaux), avant leur défaite ? N'avaient-ils pas fait miroiter à leurs sympathisants un changement politique radical, tout en finissant par reproduire les dérives des régimes passés ? L'État islamique a exploité en toute impunité les populations et les richesses, contribuant en réalité à la destruction d'États au nom d'une cause égoïste et irréalisable. La défaite est aussi celle de cette idéologie qui a délogé de leurs terres natales des milliers de civils qui n'avaient jamais désiré lier leur destin à ce groupe terroriste.

### *Faible gouvernance, rupture avec l'extérieur*

Autre point d'achoppement : l'absence d'un gouvernement stable et accepté, administrant un territoire et une population en continu. La Convention de Montevideo est pourtant limpide : ce gouvernement doit exercer son autorité de manière notable et durable, ordonner l'économie, bâtir des institutions capables de s'imposer de manière pacifique. Dans la seconde moitié du XX^e siècle, ces normes ont certes parfois été revues à la baisse en matière de substance et d'exigence. Ce fut le cas, par exemple, des États « en transition » ou

9. « Understanding the Daesh Economy », *Perspectives on Terrorism*, vol. 9, n° 4, 2015, p. 142-155.

en proie à des conflits récurrents[10]. Pour autant, même en prenant pour point de départ une version « dégradée » de ces normes, l'État islamique ne répond à aucune d'entre elles pour qu'il soit envisageable une seule seconde de lui reconnaître la qualité d'État.

L'argument d'après lequel les structures du mouvement auraient pointé vers un embryon de gouvernement est lui aussi irrecevable. Certes, le califat constituait une entité hiérarchisée, menée par un calife placé à la tête d'un « Conseil consultatif » réunissant les chefs en charge de l'administration des territoires, agencés en provinces (*wilayat*) régies par des gouverneurs. Ces derniers s'occupaient des affaires religieuses, des opérations militaires, du maintien de la sécurité, de la justice, du recrutement, des médias, du renseignement, des finances, et de bien d'autres tâches amplement documentées par la littérature existante[11]. Or, à nouveau, ne s'est-on pas laissé prendre au piège par les descriptions idéologisées que les jihadistes en faisaient ? Plus encore, quelle pouvait être l'efficacité gouvernementale de l'État islamique dans un contexte de guerre civile qui remettait en cause toute perspective politique de long terme ? Inutile de préciser qu'extorsions, rançons, rackets, taxation forcée, trafics de pétrole et d'antiquités, esclavage sexuel et traite d'êtres

10. Ce fut le cas après la vague de décolonisation, concernant la république du Congo par exemple, indépendante en 1960 et reconnue comme État en dépit d'un déficit manifeste de gouvernance.

11. Katherine Bauer (*et al.*), « Beyond Syria and Iraq. Examining Islamic State Provinces », rapport de l'Institut de Washington pour la politique au Proche-Orient, 2016.

humains étaient aux antipodes de l'idée même qu'un citoyen peut raisonnablement se faire d'un gouvernement.

L'État islamique n'aura que temporairement fait flotter son drapeau noir sur les villes d'Irak et de Syrie. À cet égard, sa prétendue démolition des frontières de Sykes-Picot demeure superficielle. Lorenzo Kamel met en exergue la valeur ajoutée essentiellement narrative de cette dénonciation de « nations artificielles »[12]. Au-delà, l'État islamique a imposé une gouvernance arbitraire, inachevée, par une invasion, puis une occupation meurtrière, un système d'oppression totalitaire. Preuve de sa défaite, le mouvement n'a pas suivi le programme politique qu'il s'était fixé, échouant de ce fait à pérenniser son autorité. Il importe de différencier le concept de gouvernement « *de facto* », situation ayant prévalu dans les premiers mois du califat, de celle de gouvernement « *de juris* », ancré dans le respect de valeurs universelles dont l'État islamique n'a que faire. D'une part, ce gouvernement *de facto* a rapidement été perdu par les jihadistes, au gré de la réaction militaire occidentale ; de l'autre, l'idée d'un gouvernement *de juris* ne se posait tout simplement pas.

Pour revenir au contenu de la Convention de Montevideo, la défaite de l'État islamique peut également s'apprécier à la lumière de son refus de relations avec le monde extérieur. En effet, un État doit entretenir des rapports égaux et pacifiques avec ses pairs, plus particulièrement par le biais

12. « Artificial Nations? The Sykes-Picot and the Islamic State's Narratives in A Historical Perspective », *Diacronie*, vol. 8, n° 25, 2016, p. 1-20.

d'ambassades à l'étranger. Il s'agit d'un critère essentiel à sa reconnaissance. L'État islamique s'est, à l'opposé, enfermé dans les frontières idéologiques de son califat factice, fustigeant les Occidentaux et Russes de « mécréants » (*kuffar*) vivant dans l'« ignorance » (*jahiliyya*) et les musulmans d'« apostats ». Comment fonder un État sur une haine sans bornes de l'autre et la volonté de l'exterminer ? Avant même le refus sans équivoque des nations d'engager un dialogue de quelque nature qu'il soit avec le mouvement jihadiste, l'État islamique s'est lui seul positionné comme un acteur dont les violations systématiques et assumées de la norme internationale ne permettaient aucune discussion.

# Crépuscule : calvaire des civils, décadence puis déclin

La défaite de l'État islamique est enfin humaine. Sa déchéance se mesure en effet à l'aune des souffrances qu'il a répandues parmi les populations assujetties contre leur gré. Yosef Jabareen évoque un « agenda de transformation sociale par la terreur »[1]. La confrontation engagée par les jihadistes avec le reste du monde a eu des répercussions dramatiques pour les civils, qui ont assisté à la négation de leurs droits les plus fondamentaux selon un véritable « spectacle de la destruction »[2]. Entre les horreurs indicibles commises par l'État islamique lui-même, la montée en puissance de milices opérant en toute impunité, et l'échec de la coalition et de ses alliés à les protéger, les civils ont payé le plus lourd tribut à la défaite du groupe terroriste.

1. « The Emerging Islamic State: Terror, Territoriality, and the Agenda of Social Transformation », *Geoforum*, n° 58, 2015, p. 51-55.

2. Ömür Harmanşah, « ISIS, Heritage, and the Spectacles of Destruction in the Global Media », *Near Eastern Archaeology*, vol. 78, n° 3, 2015, p. 170-177.

Outre ses attentats dévastateurs, l'État islamique s'est rendu coupable de crimes de guerre et de crimes contre l'humanité, ce qui n'a pas manqué de soulever la question de l'éventuelle création d'un tribunal pénal international pour le juger[3]. L'effroi provoqué par la sauvagerie des jihadistes a été décuplé par la guerre d'usure qui s'est progressivement installée en zone syro-irakienne. De fait, les ennemis de l'État islamique ont pu chercher à se venger sur les populations civiles. Beaucoup de ceux qui n'avaient aucun lien particulier avec le mouvement et ne lui vouaient aucune sympathie, ont fréquemment été victimes de détentions arbitraires, de disparitions forcées, de tortures et d'autres abus au seul motif d'avoir provisoirement vécu dans les terres du califat jihadiste. L'optique civile est fondamentale dans l'analyse de la défaite de l'État islamique : les jihadistes ont en effet rapidement perdu tout soutien populaire, et sans celui-ci, ils ne pourront pas reproduire l'histoire passée[4].

## *Une défaite avant tout sur le plan humain ?*

Certes, l'insécurité structurelle dans laquelle vivent les peuples musulmans ne date pas de l'irruption de l'État islamique sur la scène. Dans de nombreux pays tels l'Afghanistan, l'Irak, la Syrie, la Libye, le Mali ou le Nigeria, cette insécurité est

3. Kenny Cóman, « Prosecuting Crimes of International Concern: Islamic State at the ICC? », *Utrecht Journal of International and European Law*, vol. 33, n° 84, 2017, p. 120-145.

4. Karl Kaltenthaler (*et al.*), « Identity, Ideology, and Information: The Sources of Iraqi Public Support for Islamic State », *Studies in Conflict & Terrorism*, vol. 41, n° 10, 2018, p. 801-824.

chronique, sur fond de guerres civiles procurant, selon Abdelaziz Testas, un terreau fertile à la violence terroriste[5]. Des États entiers ont été ravagés par ces conflits qui ont fourni des opportunités inédites aux mouvances jihadistes. Partout, les civils ont essuyé des dommages élevés, épuisés par les acteurs armés, victimes de crimes et d'offenses multiples ayant signé la défaite morale sans appel du terrorisme. Dans le sillage de leurs assauts, les jihadistes ont causé des crises humanitaires calamiteuses[6], sans aucune considération pour le bien-être des civils, leurs libertés, leurs droits, et encore moins leur dignité.

Tout un pan des travaux académiques disponibles sur le sujet n'est pas sans évoquer la déstabilisation par les groupes rebelles des phases politiques transitoires, de même que la perpétuation volontaire d'un état de guerre par les mouvances terroristes. Combattants et militants sont marqués au fer rouge de la violence, dont jaillit une gouvernance autoritaire, sinon totalitaire comme l'a illustré celle de l'État islamique[7]. On ne compte plus combien d'hommes, de femmes et d'enfants ont fui les combats et les destructions, et plus simplement la faim et la mort. Aujourd'hui encore, ceux-ci vivent dans des conditions de vie précaires, portent

5. « Determinants of Terrorism in the Muslim World: An Empirical Cross-Sectional Analysis », *Terrorism and Political Violence*, vol. 16, n° 2, 2004, p. 253-273.

6. Daniel Byman et Sloane Speakman, « The Syrian Refugee Crisis: Bad and Worse Options », *The Washington Quarterly*, vol. 39, n° 2, 2016, p. 45-60.

7. Lire Terrence Lyons, « The Importance of Winning: Victorious Insurgent Groups and Authoritarian Politics », *Comparative Politics*, vol. 48, n° 2, 2016, p. 167-184.

les blessures physiques et mentales de la déflagration. D'un état de terreur, ces civils sont passés à celui de tourmente aux mains des adversaires de l'État islamique. Il était tentant, en effet, de faire porter la responsabilité des crimes jihadistes à celles et ceux qui en avaient été les cibles. En Irak, cette attitude a été celle des milices chiites depuis la défaite jihadiste, mais aussi des forces régulières, comme a pu en rendre compte un rapport du Centre international de Genève pour la justice paru au cours de l'année 2015.

Dans bien des cas, les civils sunnites ont dû prouver leur innocence, alors qu'il tombe sous le sens qu'ils n'avaient pour la majorité pas cautionné les atrocités jihadistes et les avaient même fermement condamnées lorsqu'ils le pouvaient. Ces civils ont été les principaux témoins de la dépravation de l'État islamique, de ses actes inhumains (pillages, dévastation de lieux historiques, d'édifices publics et religieux, enlèvements, viols, agressions sexuelles, exécutions sommaires, tortures en place publique, recours à la *hisba*). De ce point de vue, l'État islamique est autant une organisation terroriste qu'un groupe éminemment criminel, comme le relèvent John de Boer et Louise Bosetti[8]. Sur fond de pression militaire croissante, l'État islamique est devenu plus violent au fil des jours, causant une indicible misère et l'effroi dans les cœurs. Les habitants de Mossoul et de Raqqa ont vu leurs proches dépérir sans moyen aucun de réagir. L'État

8. « The Crime-Conflict "Nexus": State of the Evidence », rapport n° 5 du Centre de recherche sur les politiques de l'université des Nations unies (UNU-CPR), 2015.

islamique, quant à lui, a toujours rejeté la faute sur ses adversaires en dénonçant, à travers une propagande nourrie, les bombardements et tueries de la coalition.

Or de quel « projet social » parle-t-on lorsque les minorités et groupes les plus vulnérables ont été continuellement persécutés ? Qui ne se souvient pas du cauchemar vécu par les chrétiens, chabak et Yézidis d'Irak, exterminés pour les derniers selon une logique génocidaire ?[9] Les sunnites eux-mêmes, que l'État islamique prétendait représenter, ont été suppliciés lorsqu'ils refusaient de prêter allégeance au groupe[10]. L'État islamique a institué un code de conduite interdisant de fumer ou de s'habiller selon des mœurs jugées contraires à sa conception de l'islam. Les dissidents ont été traqués et tués, les résidents pourchassés. Toute communication avec le monde extérieur a été rompue (téléphone, radio, télévision, Internet). Or, ce n'est qu'au terme de la bataille que les civils ont pris conscience de cette lourde défaite. L'État islamique a empêché l'évacuation des zones de combat par les populations et a même fait d'elles l'instrument d'une confrontation cynique. On se souvient des scènes effroyables de combattants prenant des civils sans défense pour boucliers humains. Des maisons abritant des familles

9. Fazil Moradi et Kjell Anderson, « The Islamic State's Êzîdî Genocide in Iraq: The Sinjār Operations », *Genocide Studies International*, vol. 10, n° 2, 2016, p. 121-138.

10. Rudayna Al-Baalbaky et Ahmad Mhidi, « Tribes and the Rule of the "Islamic State": The Case of the Syrian City of Deir Ez-Zor », rapport de l'Institut Issam Fares pour les politiques publiques et les affaires internationales/Fondation Konrad Adenauer, 2018.

entières, cachées dans les caves, les escaliers, dans tous les recoins, ont été emplies d'explosifs à l'issue des combats. Pouvait-il y avoir plus grande défaite de l'État islamique ?

### *De la brutalisation tous azimuts à la fuite*

L'échec humain de l'État islamique est d'autant plus saisissant que les jihadistes ont exposé les civils anciennement sous leur joug à des représailles indiscriminées. Nombre d'opérations de sauvetage des populations ont mué en expédition punitive. Dans les zones reconquises, de nombreuses exécutions extrajudiciaires ont eu cours, sur fond de détentions illégales qu'a bien documentées l'ONG Human Rights Watch[11]. Il ne s'agissait pas moins que d'une vengeance contre des personnes injustement associées à l'État islamique. La défaite de l'État islamique peut donc aussi être lue comme une double peine pour les civils, qui n'ont pas seulement été les cibles des militants mais aussi les victimes collatérales d'opérations de contre-insurrection et des bombardements. Eric Bonds désigne ces pertes comme une « violence humanisée », en précisant que beaucoup auraient pu être évitées[12].

Rappelons que des milliers de civils ont vu leurs familles et voisinages décimés, contraints de les enterrer dans la

11. « Flawed Justice. Accountability for ISIS Crimes in Iraq », rapport de l'ONG Human Rights Watch, 2017.

12. « Humanitized Violence: Targeted Killings and Civilian Deaths in the US War Against the Islamic State », *Current Sociology*, vol. 67, n° 3, 2018, p. 438-455.

précipitation, sans funérailles, dans les cours, les jardins des maisons, somme d'êtres insignifiants littéralement effacés de l'histoire. Là encore, l'horreur côtoie une défaite absolue sur le plan moral. Plus grave, les autorités ont recommandé à ces victimes de rester chez elles, en lieu et place de leur préconiser de fuir pour sauver leurs vies. Les descriptions de corps abandonnés dans les zones les plus durement touchées par les combats, dans les habitations, dans les rues, ou encore le long des routes, glacent le sang. Les populations qui ont réussi à s'extirper de cet enfer emportent avec elles, au creux de leur mémoire collective, d'insurmontables traumatismes, mais aussi sidération et incrédulité d'avoir survécu au pire. Pour la plupart, échapper à l'État islamique était une question de vie ou de mort, et a été permis avec très peu d'informations disponibles. Une fois « libérés », les civils ont évoqué un plongeon dans l'inconnu, une « victoire sans paix », pour reprendre une formule d'Alex Weisiger. Comme dans toute guerre, les vainqueurs ont imposé leurs termes. Encore faut-il, pour infliger une défaite décisive à un ennemi, gagner les cœurs et les esprits, préoccupation inexistante aux yeux des jihadistes[13].

Symptomatiquement, beaucoup de civils ont organisé leur évasion en dernier ressort, lorsqu'il ne semblait plus y avoir l'espoir d'une quelconque accalmie. La polarisation communautaire au fondement du conflit les a placés face

13. « Victory Without Peace: Conquest, Insurgency, and War Termination », *Conflict Management and Peace Science*, vol. 31, n° 4, 2014, p. 357-382.

à la réalité amère de leur émancipation. Accusés de « collaboration », nombre de sunnites ont ainsi été « punis » par les forces gouvernementales et les milices chiites. Celles-ci ont à leur tour perpétré d'atroces crimes de guerre, dont le meurtre de familles sunnites au seul motif de leur confession. Les disparitions se sont multipliées. Un rapport de la Mission d'assistance des Nations unies en Irak publié en 2020 détaille les enlèvements survenus dans le gouvernorat d'Al-Anbar entre 2015 et 2016, insistant sur l'obligation éthique d'un droit de vérité pour les victimes[14]. Seuls quelques rares acteurs ont fait preuve d'empathie à leur endroit, se reconnaissant dans leur tragédie. Il faut se figurer quelle était alors la détresse de ces personnes qui avaient subi les actes abjects commis par l'État islamique. Calquant le discours des jihadistes, les miliciens les plus radicaux ont encouragé la vindicte, voire une « purification » ethnique des territoires sunnites, qualifiés d'antichambre du terrorisme. Déjà meurtries, les populations ont été sujettes à diverses intimidations, recevant avertissements et menaces au nom d'une prétendue « justice divine ».

Du reste, la défaite écrasante facilitait l'accusation d'appartenance à l'État islamique, tout en justifiant actes de purge et tueries. Ces derniers ont été documentés en divers endroits du Moyen-Orient et bien au-delà. On peut considérer que si peu d'observateurs les avaient anticipés, ils étaient tristement prévisibles sous le poids du ressentiment accumulé

14. « Enforced Disappearances from Anbar Governorate 2015-2016: Accountability for Victims and the Right to Truth », MANUI, 2020.

dans les rangs des ennemis de l'État islamique, qui avaient eux-mêmes fait les frais de sa violence paroxystique. Dans le contexte irakien, emblématique de cette logique perverse, les milices chiites n'ont fait aucun mystère de leur volonté de faire de la libération un châtiment. Emily Hawley montre ainsi en quoi les crimes de l'État islamique contre les chiites sont à l'origine immédiate de cette vendetta[15]. Quant aux peshmergas kurdes, au nord, ils n'ont guère été plus cléments, traitant nombre d'Arabes sunnites comme des collaborateurs de l'État islamique, y compris passifs, et remettant aux autorités les civils arrivés à leurs points de passage, souvent après les avoir passés à tabac.

### *Déplacements, détentions, peine capitale*

Autre symptôme accablant de cette défaite humaine, les déplacements de populations n'ont jamais été aussi importants que durant la guerre contre l'État islamique. En Irak, une comparaison avec les chapitres les plus sanglants du conflit au cours des vingt dernières années, comme s'y emploie Ekmeleddin İhsanoğlu dans une étude pour la Croix Rouge, permet de mettre en exergue cette tragédie humaine[16]. Le flux de déplacés internes est estimé à plus de quatre millions, les civils ayant dû fuir sous la contrainte, puis s'étant regroupés dans des camps géants à l'est, au

15. « ISIS Crimes Against the Shia: The Islamic State's Genocide Against Shia Muslims », *Genocide Studies International*, vol. 11, n° 2, 2017, p. 160-181.

16. « Assessing the Human Tragedy in Iraq », *International Review of the Red Cross*, vol. 89, n° 868, 2007, p. 915-927.

nord et dans le centre du pays. Les familles ont échoué dans la précarité en dépit du soutien d'une partie de la communauté internationale et des ONG. Blessés, affamés, profondément choqués, ces civils n'ont trouvé qu'un répit relatif, méprisés et entassés les uns sur les autres, privés d'intimité, sans grande perspective de retour[17]. Ceci n'a pas manqué de créer des incidents réguliers, voire dans certains cas une situation anarchique. On sait de surcroît que l'État islamique a infiltré ces camps pour y harceler ses anciens « sujets ».

Ailleurs, et il s'agit également d'un aspect crucial de la défaite, ceux qui avaient déserté le califat se sont trouvés soumis aux contrôles arbitraires des forces de sécurité qui ont parfois faussement établi leurs liens avec l'État islamique. Là encore, avant que les concernés ne réussissent à entrer en contact avec des ONG ou des personnels des Nations unies, abus et violences ont été légion. Dans le meilleur des cas, ces civils se sont vu offrir de l'eau et un peu de nourriture, dans une atmosphère délibérément humiliante. Les hommes suspectés d'avoir servi le groupe terroriste ont été gravement violentés et séparés de leurs femmes et enfants. Ils ont subi un large éventail de mauvais traitements en raison de leur complicité supposée avec l'État islamique, en particulier aux mains des miliciens chiites pour lesquels, encore une fois, l'après-

---

17. « Nowhere to Return to. Iraqis' Search for Durable Solutions Continues », Rapport du Centre de surveillance du déplacement interne (IDMC) et du Conseil norvégien pour les réfugiés (NRC), 2018.

califat sonnait le glas de la vengeance[18]. On ne compte plus les dénonciations calomnieuses pendant les relevés d'empreintes par des paramilitaires cagoulés, suivies d'arrestations d'hommes et de jeunes garçons sans la moindre preuve de leur culpabilité. Transportés vers des endroits inconnus, ces derniers n'ont jamais été retrouvés. Ont-ils été emprisonnés, assassinés ?[19]

L'enfer carcéral qui a ouvert ses portes à ces civils innocents est tissé de tortures routinières, dans l'obscurité de pièces qui servent à extraire leurs « confessions » pour mieux les utiliser à charge. Les violences y sont quotidiennes (utilisation de décharges électriques, de techniques de suspension aux murs et aux plafonds), les conditions sanitaires déplorables, autour d'une surconcentration de prisonniers dans des cellules vétustes. Après des procès expéditifs, au cours desquels aucune preuve de leur coopération avec les jihadistes n'a été apportée, des hommes ont été condamnés à mort sans autre forme de justice. Comme le souligne Ali Al Tuma dans un rapport du Centre de recherche sur les politiques de l'université des Nations unies, la justice post-État islamique équivalait davantage à une punition collective[20]. Pour

18. Faisal Paktian, « Handling the Iraqi Popular Mobilisation Forces in the Post-Islamic State Iraq », *Journal of Intelligence Conflict and Warfare*, vol. 2, n° 2, p. 1-13.

19. « Iraq: Treatment of Iraqis with Perceived Affiliation to ISIL » (2020). Rapport d'information sur le pays d'origine du Bureau européen d'appui en matière d'asile (EASO).

20. « A Will to Punish. The Shia View of Dealing with ISIS Suspects in the Hands of Iraqi Justice », UNU-CPR, 2018.

la seule année 2016, alors que la guerre était loin d'avoir trouvé une issue, la justice antiterroriste irakienne exécutait une trentaine de civils sunnites accusés du massacre de Speicher, contre des recrues militaires chiites à Tikrit. Or, leurs procès ont été bâclés, n'établissant ni leur culpabilité, ni la vérité qu'exigeaient pourtant les familles de victimes.

On pourrait affirmer que l'État islamique a fait de certains civils les victimes collatérales d'une justice martiale peu scrupuleuse. C'est dans ce drame humain que se découvre, dans toute son horreur, la défaite des jihadistes. Persécuteurs directs ou non, ces derniers ont fait vivre aux populations un calvaire, qui se prolonge à l'heure actuelle. Dans plusieurs zones, des enquêtes ont été promises pour faire la part des choses et resituer les responsabilités de chacun. Mais cette promesse n'a jamais été suivie d'effets. En Iran, par exemple, des investigations ont été diligentées par le régime dans une opacité totale et sans information publique. Il en résulte que des civils traumatisés ont perdu toute confiance dans la capacité des autorités à entreprendre une quelconque réconciliation. Entre chagrin et incertitude quant à l'avenir, la débâcle de l'État islamique qui les avait martyrisés n'en a été que plus amère pour eux. Celle-ci a jeté la lumière sur l'étendue des fractures sociopolitiques et des déchirements identitaires que l'État islamique a soit générés, soit amplifiés.

SECONDE PARTIE

# … tout en n'ayant pas disparu

# Les causes profondes de la violence ne sont pas réglées

La défaite de l'État islamique est indéniable et les jihadistes sont aujourd'hui incapables de reconstituer le califat qu'ils avaient mis sur pied. Mais il est difficile de faire l'impasse sur les facteurs, à la fois politiques, sociétaux, économiques et identitaires, à l'origine de son apparition et qui n'ont pas été résolus, créant de nouvelles opportunités que les jihadistes ne manquent pas d'exploiter. Zmkan Saleem et Mac Skelton rappellent avec justesse que partout où l'État islamique continue d'agir, aucune reconstruction n'a eu lieu. De plus, des mesures de surveillance et de renseignement rigoureuses, conjuguées à la défense des frontières dans les pays frappés par le terrorisme et à la réinstallation des civils déplacés ou réfugiés, n'ont que partiellement fait taire la rébellion armée[1]. Attentats et assassinats orchestrés par l'État islamique émaillent certes encore l'actualité, mais selon des statistiques fiables, ils ne sont en rien comparables à ceux

1. « The Failure of Reconstruction in Mosul: Root Causes from 2003 to the Post-ISIS Period », rapport de l'Institut d'études régionales et internationales de l'université américaine d'Irak/Fondation Konrad Adenauer, 2020.

du passé. La base de données Global Terrorism Database (GTD), qui regroupe les informations relatives aux attaques terroristes perpétrées par le mouvement depuis ses origines, montre sans la moindre ambiguïté qu'après un pic en 2014, ses actes violents n'ont cessé de décroître.

Rappelons à bon escient que l'État islamique avait capitalisé sur les griefs des communautés sunnites violentées, ostracisées et discriminées en Irak comme en Syrie pour négocier sa prise de pouvoir. Si le groupe terroriste a toujours échoué à produire un « fait populaire », il a néanmoins conservé des complicités dans ses anciens sanctuaires, s'assurant de l'appui d'une petite minorité et des franges de la jeunesse en manque de repères, désocialisées, aliénées, et à la recherche d'un horizon. Ne serait-ce qu'un temps, l'utopie panislamiste proposée par l'État islamique lui a permis, comme le montre Patrycja Sasnal de l'Institut polonais des affaires internationales, de séduire et de recruter[2]. Aujourd'hui encore, l'État islamique garde un potentiel de mobilisation qui n'est pas négligeable, même s'il est fortement réduit. Si le mouvement ne peut surmonter sa défaite, il entend en revanche exploiter le ressentiment, l'indignation et la sensation d'injustice qui prévalent encore dans certains milieux, notamment les plus conservateurs.

2. « Universal Utopia: Weighing the Reasons for the Appeal of the Islamic State », *Strategic File*, vol. 82, n° 1, (PISM), 2016.

## *Un environnement instable et favorable*

Le premier facteur qui interroge partiellement la défaite du groupe tient à l'environnement qui l'entoure. Pour s'asseoir et perdurer, un soulèvement a besoin, de fait, d'un environnement qui lui soit favorable et lui permette de consolider son identité, sa cause, et de construire une base partisane pour résister aux pressions militaires adverses. Différent d'une guerre civile de haute intensité, un activisme politique de basse intensité favorise une violence de type asymétrique. Celle-ci se déploie sur le plan intérieur ou suivant une projection plus globale, transnationale. La cible des insurgés reste toutefois toujours un gouvernement ou un régime. L'État islamique a adossé, en l'espèce, cette asymétrie à un objectif sécessionniste justifié par le fait religieux, à savoir la formation d'un vaste émirat islamiste censé rassembler tous les sunnites dans une confrontation mondiale contre l'Occident, pour reprendre la formule de Hussein Solomon[3].

Considérons l'Irak, cas d'étude édifiant, car terreau originel du mouvement. L'État islamique a su y tirer profit de la faillite des institutions, à commencer par le démantèlement de l'armée irakienne en 2003, pour se frayer une voie au milieu du chaos. Il a su se servir de la mise en marge des sunnites par les nouvelles autorités, ce que vient rappeler Renad Mansour dans un rapport de 2016 pour le Centre Carnegie

3. *Islamic State and the Coming Global Confrontation*, New York, Palgrave MacMillan, 2016.

pour le Moyen-Orient[4]. La perception d'une injustice faite aux sunnites par les partis chiites et kurdes de l'ancienne opposition en exil, jugée à la solde de l'occupant, a permis aux jihadistes d'endoctriner et d'étendre leurs réseaux. À ce titre, l'État islamique a forgé autour de ces griefs un puissant récit, au fondement même de son projet. Dès 2006, ses membres dépeignaient la restauration du califat comme seul remède à cet état (amplement fantasmé) de faiblesse, d'humiliation et d'assiègement du monde musulman sunnite. Or, il existait un paradoxe significatif à se positionner comme « sauveur » tout en promouvant un conflit communautaire de grande ampleur.

Que l'on ne s'y trompe pas : au sommet de ses succès, l'État islamique n'a jamais réellement conquis les esprits et les cœurs. Certes, il a bénéficié en Irak des manifestations de 2012-2013 contre le pouvoir, lesquelles avaient pu mettre en évidence, un an après le retrait des troupes américaines, doléances et désir d'en découdre parmi de nombreuses populations sunnites. Il a également mis au profit de sa propagande les dérives de la loi antiterroriste de 2005, de même que les excès du système judiciaire fédéral, deux aspects parfaitement analysés par David Witty dans un rapport du Centre pour les politiques au Moyen-Orient de l'Institution Brookings[5]. À cela s'ajoutait à l'époque la gouvernance calamiteuse et autoritaire de l'ancien Premier ministre chiite Nouri al-Maliki. Les violences qui ont éclaté

4. « The Sunni Predicament in Iraq », rapport du Centre Carnegie pour le Moyen-Orient, 2016.

5. « The Iraqi Counter Terrorism Service », rapport du Centre pour les politiques au Moyen-Orient de l'Institution Brookings, 2016.

entre forces de sécurité et civils sunnites ont en conséquence façonné un espace symbolique et tactique propice à la prise de contrôle de l'État islamique. Ses partisans ont en effet su détourner une partie de la contestation à leur avantage. Dans un article consacré au cas de Fallouja, Stephen Graham invite à se remémorer l'expérience traumatique de cette ville martyre, rasée en 2004 par l'armée américaine, et comment l'atrocité y fut construite dans la durée[6]. Dix ans plus tard, en janvier 2014, fallait-il s'étonner que les jihadistes y fassent leur grand retour en promettant aux civils la vengeance ?

Après la débandade de l'armée irakienne et d'une partie des peshmergas, l'État islamique a pu s'emparer d'amples territoires. Parmi les civils tombés dans son giron se trouvaient hommes et femmes qui n'étaient pas nécessairement acquis à son idéologie, et encore moins trompés par sa doctrine salafiste et sa violence, mais qui croyaient – et ils allaient vite être déçus – que le sacrifice en valait la chandelle. Cette posture fut notamment celle de tribus désireuses de se défaire de l'ascendant chiite du pouvoir central et se pensant injustement dépossédées sur un double plan politique et économique. S'intéressant au profil collectif des *dawa'ich*, à savoir les commandants de l'État islamique, Ronen Zeidel soutient que l'assise partisane du groupe terroriste se composait pour l'essentiel d'anciens baathistes et autres éléments aliénés du régime défunt[7]. La précision est de taille car ce

6. « Remember Fallujah: Demonising Place, Constructing Atrocity », *Environment and Planning D: Society and Space*, vol. 23, n° 1, 2005, p. 1-10.

7. « The *Dawa'ish*: A Collective Profile of IS Commanders », *Perspectives on Terrorism*, vol. 11, n° 4, 2017, p. 16-28.

sont ces militants, autrefois nationalistes pour certains, qui ont apporté à l'État islamique leur savoir-faire militaire ainsi que leur parfaite connaissance des techniques du renseignement.

### *Plusieurs facteurs de survie communs*

Tentant de survivre à sa défaite, l'État islamique a étendu ses ramifications. Deux dimensions décisives doivent être éclairées de ce point de vue : celle des motivations, d'une part, et celle des opportunités, de l'autre. L'approche motivationnelle s'intéresse aux conditions historiques et structurelles qui induisent une mobilisation de masse contre un gouvernement donné. Elles doivent être suffisamment sérieuses pour articuler une antipathie profonde, culturelle ou identitaire, laquelle appuie un soulèvement visant à mettre fin à une discrimination ou une exclusion. La mise à la marge de communautés entières, combinée à la pauvreté et aux inégalités, sont autant de causes de conflit. Les théories de la motivation ne défrichent pas tous les types de violence politique, et on peut leur reprocher de la « romantiser », sinon de la légitimer lorsque cette violence est décrite comme une réaction à une oppression supposée. Elles n'en demeurent pas moins essentielles à la compréhension des racines de la mobilisation jihadiste.

Une seconde approche est centrée sur la question des opportunités, qui président à l'irruption d'une insurrection et produisent de la violence. En retour, celle-ci renouvelle les opportunités d'action. Cette approche décrypte les facteurs atypiques qui maintiennent en vie un groupe rebelle et le pérennisent au long cours. Paul Collier et Anke Hoeffler distinguent le grief (*grievance*) de la cupidité (*greed*). Les opportunités liées à cette dernière incitent à la poursuite d'une mobilisation[8]. Elles regroupent les ressources financières et militaires, l'aptitude à agir dans la clandestinité, lorsque les militants sont officiellement pourchassés, et la dimension économique facilitant le recrutement. Celle-ci est abordée dans la littérature relative aux guerres civiles en particulier[9]. D'autres théories insistent sur les interactions entre insurgés et populations, hostiles ou orientées vers la négociation. Quoique ces deux approches suivent des cheminements intellectuels distincts, motivations et opportunités éclairent pourquoi et comment les jihadistes parviennent, encore aujourd'hui, à nuancer leur défaite[10].

Dans un article édifiant, Timothy Clancy conceptualise la capacité de l'État islamique à réémerger de ses cendres, même lourdement affaibli[11]. Premièrement, les jihadistes continuent d'exploiter l'existence de griefs irrésolus. Deuxièmement, les émirs de l'État islamique se sont emparés de nouvelles opportunités apparues sur le terrain en vue de préserver

8. « Greed and Grievance in Civil War », *Oxford Economic Papers*, n° 56, 2004, p. 563-595.

9. James D. Fearon et David D. Laitin, « Ethnicity, Insurgency, and Civil War », *American Political Science Review*, vol. 97, n° 1, 2003, p. 75-90.

10. Lire David Keen, « Greed and Grievance in Civil War », *International Affairs*, vol. 88, n° 4, 2012, p. 757-777.

11. « Theory of an Emerging-State Actor: The Islamic State of Iraq and Syria (ISIS) », *in Dynamics of ISIS – An Emerging State Actor*, actes de la 34e conférence internationale de la Société des dynamiques de systèmes, Delft, 2018.

leurs compétences acquises, indépendamment d'un niveau moindre de recrutement. Avec beaucoup moins de partisans, le commandement jihadiste a maintenu en vie la cause du jihad. Son élite s'est renouvelée. Ceci ne signifie pas pour autant que l'État islamique parviendra un jour à recruter à nouveau de manière massive, comme il l'avait fait à partir de 2014. Il faut par conséquent se méfier de la thèse de sa « résurgence », certes réelle, mais relativement limitée, et plus encore procéder à une évaluation pragmatique de la menace, usant des bons critères d'évaluation[12].

Troisièmement, la fluidité des conflits et leurs dynamiques offrent un espace favorable aux jihadistes, même dépossédés de tout territoire. En Syrie, la guerre civile n'a jamais pris fin et aucune sortie de crise durable n'est en vue, encore moins, la perspective d'une concorde nationale. Il faudrait, et ce ne sera vraisemblablement jamais le cas, que Damas fasse une série de propositions satisfaisantes pour que le régime retrouve pied parmi des populations abîmées par la dictature et la guerre, et pour que la révolte armée perde tout soutien. Sur le continent africain, où l'État islamique est désormais bien implanté, un schéma analogue est observable. Au Sahel, par exemple, des conditions apparues dès les années 1990, dans des pays tels la Mauritanie, le Mali, le Niger, le Burkina Faso, marqués par un affaiblissement continu des États, ont donné une impulsion au soulève-

12. Sam Heller, « When Measuring ISIS's "Resurgence", Use the Right Standard », commentaire du centre d'analyse indépendant International Crisis Group (ICG), 2020.

ment islamiste. La frange jihadiste s'est dès lors appuyée sur le mécontentement ambiant pour « transmuter », comme l'explique à juste titre Djallil Lounnas, et se projeter en d'autres lieux[13].

*Des liens et loyautés à toute épreuve ?*

En partant du postulat que la défaite de l'État islamique est actée, une question cruciale se pose : pourquoi vouloir encore combattre en son nom ? Pourquoi des individus venus du Moyen-Orient ou de l'étranger aspireraient-ils toujours à se lier au mouvement, à prendre les armes sous sa bannière ? Pourquoi des femmes, malgré les amères désillusions de celles qui les ont précédées, souhaiteraient-elles soutenir l'État islamique en contractant des mariages avec ses combattants ?[14] Ces interrogations qui ont longtemps occupé le cœur de l'actualité ont étrangement fini par glisser dans la désuétude. Elles ne sont ainsi soulevées que par de rares chercheurs et n'ont jamais conduit à des réponses décisives. Une certaine description de l'État islamique comme un assemblage d'« illuminés irrationnels » et de « barbares nihilistes »[15] a aussi l'avantage d'être simple sur le plan

13. « The Transmutation of Jihadi Organizations in the Sahel and the Regional Security Architecture », rapport n° 10 du projet Architecture régionale Afrique du Nord & Moyen-Orient, 2018.

14. Lire Sofia Patel et Jacqueline Westermann, « Women and Islamic-State Terrorism: An Assessment of How Gender Perspectives Are Integrated in Countering Violent Extremism Policy and Practices », *Security Challenges*, vol. 14, n° 2, 2018, p. 53-83.

15. Mustapha Pasha, « Nihilism and the Otherness of Islam », *Millenium – Journal of International Studies*, vol. 42, n° 1, 2013, p. 177-197.

normatif, mais elle ne dit pas comment les jihadistes ont en partie surmonté leur défaite.

Sans aller jusqu'à affirmer que l'État islamique « électrise » ses sympathisants comme par le passé, ce qu'il lui reste de pouvoir de persuasion et de séduction s'explique pour trois raisons au moins. La première tient au discours jihadiste qui a fortifié dans la durée une représentation du monde cimentant des objectifs clairs, un dessein existentiel pour des individus en quête de repères ou d'utopie. William McCants a brillamment décrit la vision apocalyptique portée par l'État islamique, reposant sur l'idée d'un monde en déliquescence, au bord de l'effondrement, qui annoncerait une fin des temps prochaine au cours de laquelle les musulmans devront lutter pour l'instauration du royaume de Dieu[16]. De toutes les variables étudiées, ce récit jihadiste reste l'un des soubassements clés de la survie de l'État islamique et de sa faculté à convaincre encore quelques jusqu'au-boutistes de la justesse de son combat.

Une deuxième raison tient au potentiel d'embrigadement de l'État islamique, à la fois riche et complexe. Riche, car les jihadistes emploient encore à ce jour des canaux de propagande diversifiés, généraux ou plus spécialisés, pour encourager la mobilisation[17]. Réseaux sociaux, forums,

16. *The ISIS Apocalyse: The History, Strategy and Doomsday Vision of the Islamic State*, New York, Palgrave MacMillan, 2015.

17. Syed H. B. O. Alkaff et Remy Mahzam, « Islamic State after the Fall of Mosul and Raqqa: Impact on Organisation and Propaganda », *Counter Terrorist Trends and Analyses*, vol. 10, n° 1, 2018, p. 57-61.

applications, contenus audiovisuels : en dépit d'une forte répression en ligne, ces vecteurs n'ont pas tous disparu et sont animés par des militants spécialement désignés à cette fonction ou simples sympathisants. Ces derniers sont tout aussi dangereux en ce qu'ils peuvent susciter l'intérêt d'internautes qui autrement ne consulteraient pas d'eux-mêmes ces productions. Bien des hommes et des femmes embrigadés par l'État islamique le furent par des combattants « sur zone », et leur passage à la violence encouragé par des interactions délétères sur les grandes plateformes numériques (Twitter, Facebook, Telegram). Sans régulation d'Internet tangible, ces plateformes restent privilégiées par les recruteurs qui prennent le temps nécessaire et usent d'une somme impressionnante de supports et de techniques pour parvenir à leurs fins. L'État islamique cherche depuis des années à gommer sa défaite, ainsi qu'à rehausser son image. Mais ses mensonges, pure arme de propagande, sont désormais visibles au grand jour[18].

L'engagement jihadiste n'est plus aussi aisé et nombre des enrôleurs et intermédiaires ne sont plus toujours clairement affiliés à l'État islamique, selon un lien hiérarchique. Le recrutement s'effectue par la diffusion d'une propagande qui essaie par tous les moyens d'atténuer l'idée de la défaite du mouvement et de régénérer son message par l'évocation de la douleur encore vive des musulmans. Ce faisant, ces

18. Daniel Milton, « Truth and Lies in the Caliphate: The Use of Deception in Islamic State Propaganda », *Media, War & Conflict*, 2020 (consultable en ligne).

irréductibles réveillent un désir vengeur et une propension à la violence. Sans possibilité de migrer vers les terres du jihad, ils privilégient le cyberespace et l'intoxication de petits groupes en ligne[19]. Ce sont ces « freelances » de l'État islamique qui ont opéré la digitalisation massive de sa narration militante et acquis une fonction essentielle dans l'assimilation de sa propagande écrite et audiovisuelle par des aspirants-assaillants qu'il est toujours aussi très compliqué d'identifier. Il est donc logique qu'ils soient devenus un maillon clé dans la tentative de l'État islamique d'exorciser sa défaite. Leur rôle contredit d'ailleurs la thèse éculée du « loup solitaire », qu'Agnes Hankiss réduit avec raison à une « légende »[20].

---

19. Gabi Siboni (*et al.*), « The Islamic State's Strategy in Cyberspace », *Military and Strategic Affairs*, vol. 7, n° 1, 2015, p. 127-144.

20. « The Legend of the Lone Wolf », *Journal of Strategic Security*, vol. 11, n° 2, 2018, p. 54-72.

# Une dynamique bridée mais un terrorisme qui perdure

Si la défaite sur le terrain est certaine, elle soulève encore de nombreux questionnements sur bien d'autres aspects. On observe en effet une adhésion toujours réelle au jihad dans certaines sphères et la violence jihadiste se poursuit. L'État islamique a mondialisé son combat pour une raison relativement simple : il savait pertinemment que sa débâcle en Irak et en Syrie n'était qu'une question de temps et a donc étendu sa cause et multiplié ses réseaux à dessein. Ses récits de résilience et d'endurance le montrent sans ambiguïté[1]. Aux antipodes d'autres mouvances jihadistes ayant circonscrit leur lutte à des théâtres de conflit nettement délimités, l'État islamique s'est très tôt lancé dans une conquête internationale. Dans les années 2000, le groupe pressait déjà les musulmans de rejoindre sa base irakienne pour y combattre contre les Américains. Cette transnationalisation a porté ses fruits : les partisans de l'État islamique

1. Nur A. Azman, « Islamic State's Narratives of Resilience and Endurance », *Counter Terrorist Trends and Analyses*, vol. 12, n° 1, 2020, p. 82-86.

ont frappé depuis aux quatre coins du globe. Mais elle s'est aussi irrémédiablement tarie.

Des estimations publiées par les Nations unies à l'été 2018 font état de quelques dizaines de milliers de membres de l'État islamique encore présents en zone syro-irakienne après la perte du califat. Parmi eux, des militants qui n'étaient pas nécessairement des combattants, quoique les statistiques concernant le réservoir guerrier du mouvement jihadiste demeurent considérables selon d'autres chiffres de l'Armed Conflict Survey[2]. Dans le même temps, le moral des troupes a invariablement baissé, les expédients se sont amenuisés, les flux de recrues ont drastiquement diminué, et l'« accessibilité » de l'État islamique est aujourd'hui quasi nulle en raison des mesures de surveillance militaires et policières mises en place. Il convient d'ajouter que des ruptures sont survenues au sein du leadership jihadiste lui-même. Des émirs de premier ordre ont en effet été éliminés, obligeant l'État islamique à se retirer et se terrer dans le silence pour œuvrer principalement par le biais de « cellules dormantes ».

### *Sort incertain des jihadistes étrangers*

À l'apogée du « califat », 6 600 Occidentaux, ressortissants d'Europe et des États-Unis pour l'essentiel, avaient gagné le Moyen-Orient. Aucune cohorte passée de volontaires au jihad n'a été aussi importante et jamais les profils sociolo-

2. « ISIS Foreign Fighters After the Fall of the Caliphate », *Armed Conflict Survey*, vol. 6, n° 1, 2020, p. 23-30.

giques des militants n'ont été aussi variés, tant en matière d'origine que d'âge, de genre et d'expérience[3]. Il est dorénavant quasi impossible de rejoindre le groupe terroriste néanmoins. Quant à celles et ceux rentrés dans leurs pays respectifs, la problématique de leur traitement a souvent été explosive, comme en France où les attentats revendiqués par l'État islamique n'ont encouragé ni les gouvernements, ni l'opinion publique à une quelconque indulgence envers les militants de retour. D'autres n'ont tout simplement pas eu la capacité de rentrer chez eux et ont été réinstallés dans les camps de déplacés au Kurdistan.

De surcroît, plus aucune population ne croit en la promesse passée de l'État islamique, à savoir celle de « venger » les musulmans de leurs souffrances tant les jihadistes sont en réalité devenus leurs premiers bourreaux. La plupart des militants étrangers ne croient plus eux-mêmes en la perspective d'une renaissance du proto-État jihadiste. Rappelons que beaucoup n'étaient pas insérés dans des réseaux de recrutement ; leur décision de se rallier au jihad procédait plus d'une décision de nature personnelle, à savoir servir une cause politique qui leur paraissait juste à l'époque. Ces étrangers ont fréquemment financé leur émigration – *hijra* en arabe[4] – à leurs propres frais. Certains étaient

3. Günes M. Tezcür et Clayton Besaw, « Jihadist Waves: Syria, the Islamic State, and the Changing Nature of Foreign Fighters », *Conflict Management and Peace Science*, vol. 37, n° 2, 2020, p. 215-231.

4. Matan Uberman et Shaul Shay, « Hijrah According to the Islamic State: An Analysis of Dabiq », *Counter Terrorist Trends and Analyses*, vol. 8, n° 9, 2016, p. 16-20.

des croyants pieux, éblouis par le récit de pureté proposé par l'État islamique, d'autres plus politisés ou concernés par la dimension sociale du jihad. En majorité, ils étaient prêts à se sacrifier au nom du combat, jugeant le don de soi admis dans l'islam et même indispensable à l'élévation de la religion.

Depuis l'expulsion de ces étrangers, que reste-t-il de l'idéal dont se réclamait l'État islamique, sinon une peau de chagrin ? La question est essentielle car c'est son engagement fort qui avait attiré des milliers de militants dans ses rangs, dont un chiffre élevé de recrues fraîchement converties à l'islam. Ces volontaires au jihad se rendaient sur les terres de l'État islamique dans l'idée d'assister son commandement et de permettre la réalisation d'objectifs politico-religieux. Ils essaimaient vers l'Irak, la Syrie et bien d'autres théâtres de guerre pour y bâtir un État et non pour un « jihad touristique » comme on a parfois pu l'entendre ici et là. Leurs motivations étaient à la fois idéologiques et religieuses, tout en recouvrant une puissante dimension identitaire. Isaac Kfir explique ainsi comment l'adhésion à l'État islamique suivait une logique d'identité sociale de groupe remédiant à un sentiment d'insécurité[5].

Ces auxiliaires du jihad n'ont pas tous voyagé dans la région et n'ont pas non plus toujours pris les armes, pré-

5. « Social Identity Group and Human (In)Security: The Case of Islamic State in Iraq and the Levant (ISIL) », *Studies in Conflict and Terrorism*, vol. 38, n° 4, 2015, p. 1-20.

férant financer l'État islamique ou promouvoir un important activisme en ligne. À cet égard, on peut soutenir que l'État islamique a affermi une discipline collective autant qu'il a cristallisé un capital symbolique. Mais ces éléments ne sont pas restés intacts après sa défaite. En comparaison avec ses niveaux de 2014-2015, la production médiatique du groupe s'est tarie, ne redécollant que sur une période récente et recyclant souvent d'anciens faits d'armes[6]. Michael Munoz explique à ce sujet comment l'État islamique a tenté de contourner sa défaite en mettant l'accent sur l'idée d'une « guerre longue » et en replaçant les combattants locaux au cœur de son effort de guerre. Seule la branche afghane du mouvement compte encore un pourcentage notable d'étrangers en son sein, auxquels s'ajoutent ceux qui se sont éparpillés jusqu'aux marges de l'Asie[7] et des États subsahariens[8]. Cette évolution soulève la problématique de la « spatialisation de la défaite », qui articule des avis hétérogènes. La défaite est-elle circonscrite ou plus large ? Le registre globalisé du jihad la remet-il en cause dans sa dimension territorialisée ?[9]

6. Lire « Selling the Long War: Islamic State Propaganda after the Caliphate », *CTC Sentinel*, vol. 11, n° 10, 2018, p. 31-36.

7. Ahmed S. Hashim, « The Impact of the Islamic State in Asia », rapport de l'École d'études internationales S. Rajaratnam de l'université technologique de Nanyang, 2015.

8. Jason Warner, « Sub-Saharan Africa's Three "New" Islamic State Affiliates », *CTC Sentinel*, vol. 10, n° 1, 2017, p. 28-32.

9. Lire sur ce point Richard H. Shultz, « Global Insurgency Strategy and the Salafi Jihadi Movement », INSS Occasional Paper, n° 66, 2008.

## *Multiplicité des alliances et franchises*

La défaite n'est pas foncièrement remise en question mais il est clair que l'État islamique a cherché à « euphoriser » d'autres groupes désireux de connaître sa postérité et une notoriété analogue. Ces derniers ont tour à tour prêté allégeance au mouvement et à ses califes. Il est impossible de mesurer l'impact exact de ces allégeances sur l'état de la menace terroriste et sur l'avenir de l'État islamique en particulier. Mais celles-ci ont occasionné un effet, au moins passager, d'entraînement, renforcé la résolution guerrière des militants, et rehaussé le crédit de l'État islamique sur la scène jihadiste par une « juxtaposition » des allégeances de la « périphérie » vers le « centre »[10]. Organisés en provinces, plus d'une trentaine, ces groupes ont grandi en taille pour atteindre des succès qui leur sont propres : dans la zone afghano-pakistanaise, le Golfe, la péninsule égyptienne du Sinaï, en Libye, en Algérie, au Sahel, au Nigeria, ou encore au Mozambique. Pour autant, gardons-nous d'exagérer la force de frappe que ces provinces ont procurée à l'État islamique. De fait, plusieurs fonctionnent comme des « franchises » dont les rapports au commandement central restent troubles[11].

---

10. Jacob Zenn, « The Islamic State's Provinces on the Peripheries: Juxtaposing the Pledges from Boko Haram in Nigeria and Abu Sayyaf and Maute Group in the Philippines », *Perspectives on Terrorism*, vol. 13, n° 1, 2019, p. 87-104.

11. Rivka Azoulay, « Islamic State Franchising. Tribes, Transnational Jihadi Networks and Generational Shifts », rapport de l'Unité de recherche sur les conflits de l'Institut néerlandais des relations Internationales Clingendael, 2015.

L'enjeu est plutôt de savoir jusqu'où cette régionalisation a accru la surface d'influence de l'État islamique, au point de renverser le sens de la défaite et de l'histoire. Au printemps 2018, les États-Unis et la communauté du renseignement jugeaient que le mouvement donnerait la priorité à des attaques de nature transnationale[12]. De fait les changements de noms successifs de l'État islamique devaient forcément signifier une volonté d'expansion géographique. Dans le même temps, la corrélation entre la défaite jihadiste au Moyen-Orient et la baisse de la violence projetée par ses membres à l'extérieur ne fait pas de doute : le nombre d'attentats en Europe, l'un des continents les plus durement touchés par le terrorisme jihadiste ces vingt dernières années, a considérablement diminué. Le rapport 2021 d'Europol sur la menace terroriste dans l'Union européenne attribue dix attaques au jihadisme, commises pour l'essentiel par des individus isolés. Soulignons que les pays de la coalition avaient en outre lié l'endiguement de la menace à un principe de coopération avec des alliés sur le terrain, une alternative commode à un engagement plus direct et durable des forces occidentales.

L'aura des émirs de l'État islamique continue par ailleurs de varier considérablement d'un espace l'autre. Les commandants les plus influents restent les idéologues offrant des justifications imparables à l'action violente qu'ils encou-

12. Martha Crenshaw, « Rethinking Transnational Terrorism. An Integrated Approach », rapport n° 158 de l'Institut des États-Unis pour la paix (USIP), 2020.

ragent. Derrière eux se situe une masse de partisans qui appuie le mouvement jihadiste mais n'a pas nécessairement les moyens ou la volonté de combattre pour lui. En ce sens, la qualification de « soldats du califat » est essentiellement un outil de propagande qui alimente à dessein une image de puissance à la réalité plus que discutable. Tous les assaillants cités par l'État islamique dans ses communiqués ne lui ont d'ailleurs pas toujours formellement prêté allégeance ou établi des rapports opérationnels avec le groupe. En mai 2016, peu avant sa mort dans une frappe aérienne américaine, le porte-parole syrien de l'État islamique, Abou Mohammed al-Adnani, avait enjoint à ses sympathisants vivant en Occident de privilégier des attaques solitaires. Des enregistrements propagés sur la Toile contenaient certaines incitations explicites au passage à l'acte meurtrier, de même que des instructions limpides quant aux modes opératoires à favoriser.

Dans ces circonstances, que penser de l'hommage rendu deux ans plus tard par Abou Bakr al-Baghdadi, alors encore calife autoproclamé, aux attentats dans les « pays de la croix » et à leurs auteurs ? Était-ce là une simple façade ? Pourquoi placer ces actions commises à l'étranger sur un pied d'égalité en termes de portée et de signification avec les attaques perpétrées dans le monde musulman ? Certes, les branches de l'État islamique brandissent des capacités militaires et affichent leur désir de propager le jihad. Leurs actions sont jugées inévitables et il est fort à parier que le risque terroriste demeurera à un niveau élevé dans les décennies à venir. Mais la taille de leurs réseaux et le nombre de leurs membres ne suffiront pas à restituer à l'État islamique son envergure passée.

## *Une militance par-delà les continents*

À ces considérations s'ajoutent les destructions semées par une constellation de formations militantes disciples de l'État islamique sur tous les continents. Celles-ci ont rejoint le jihad global exhorté par le mouvement en conservant leurs identités et leurs histoires antérieures, et agissent en toute autonomie. D'aucunes se sont associées au commandement de l'État islamique, à l'exemple de la province du Khorassan, à la frontière entre l'Afghanistan (retombé aux mains des talibans en août 2021) et le Pakistan[13], le Sinaï, ou encore des cellules jihadistes sur le territoire libyen. Toutes considèrent une existence nominative sous la bannière de l'État islamique comme synonyme de pouvoir et d'attractivité. En ce sens, elles représentent sans doute un danger plus réel du fait de leur fonction de « bases de repli ». Il en va ainsi de l'Afrique de l'Ouest, où opèrent de nombreux combattants de l'État islamique qui, on le sait aujourd'hui, ont souvent infiltré les flux de réfugiés à destination de l'Europe.

Cette nébuleuse jihadiste déstabilise tous les pays où elle a pris pied, mais sans perspective tangible de victoire. Les effets désastreux de son action violente se font partout ressentir, tandis que les îlots de stabilité se font plus rares dans les

13. Casey G. Johnson, « The Rise and Stall of the Islamic State in Afghanistan », rapport de l'Institut des États-Unis pour la paix (USIP), 2016.

régions touchées par les combats. Ces éléments remettent toutefois moins en cause la défaite de l'État islamique qu'ils ne font apparaître de nouvelles questions. Comment cette galaxie complexe continuera-t-elle de se développer ? A-t-elle une quelconque chance de s'emparer un jour du pouvoir dans les pays où elle sévit actuellement ? Quelle est son influence véritable dans ces régions ? Cette influence est-elle seulement mesurable ? Si oui, à quel point saura-t-elle corrompre une jeune génération otage d'interminables conflits, et selon quelles stratégies de persuasion et de recrutement ? Cette constellation d'acteurs éparpillés aux quatre coins du monde représente-t-elle une menace analogue à celle d'antan ou, au contraire, résiduelle ? Doit-on enfin tabler sur son inéluctable recul, à l'instar de la « maison mère » en Irak et au Levant ?

L'État islamique connaît à présent une situation fort différente, décentralisé et s'adaptant comme il le peut à des situations géopolitiques mouvantes. Ses structures sont plus diffuses et interrogent la solidité de son identité militante. Un autre aspect mérite qu'on s'y attarde, à savoir la globalisation de la lutte et ses répercussions : ce « tout global » a-t-il été porteur au long cours ou plutôt divisé les rangs de l'internationale jihadiste ? L'enjeu demeure celui du pouvoir, à l'évidence, et de son partage. Tous les chefs de l'État islamique aspirent à un rôle accru et affichent des ambitions personnelles autant que des préoccupations réputationnelles qui n'ont guère évolué au fil du temps. Dans l'absolu, on peut s'interroger sur les conséquences de l'élimination continue des émirs du groupe. En quoi la disparition brutale à chaque fois de ces dirigeants « charismatiques et transformationnels »[14] a-t-elle oblitéré le capital symbolique de l'État islamique ? Les jihadistes s'engagent certes à toujours venger leur mort, mais sans que cet engagement n'ait jamais conduit à une nouvelle impulsion décisive pour leur mouvement. Les cycles de représailles et de contagion de la violence peuvent par ailleurs se révéler contre-productifs lorsque la vengeance mue en obsession stérile[15].

Dernier aspect, qui n'est pas négligeable : le déclin du centre de gravité syro-irakien de l'État islamique est allé de pair avec une délégation grandissante des tâches endossées par ses provinces et ses affiliés. On peut y voir une course contre la montre parmi les jihadistes, qui ont dû déplacer leurs opérations du Moyen-Orient vers le Maghreb, le Sahel, l'Afrique de l'Ouest. En 2019, 74 % des morts provoquées par l'État islamique, notamment sur le continent africain où flambe une violence exceptionnelle, étaient attribuées à l'action de ces « associés ». À elle seule, l'Afrique subsaharienne englobait la même année 41 % des actes terroristes commis par l'État islamique. Cette transhumance militaire et la redistribution géographique du combat ont conduit à l'apparition de nouveaux fronts,

14. Hamad Hamad, « Transformational Leadership Theory: Why Military Leaders are More Charismatic and Transformational? », *International Journal on Leadership*, vol. 3, n° 1, 2015, p. 1-8.

15. Pour une discussion sur les fonctions de la vengeance dans la violence terroriste, on pourra se référer à l'ouvrage de l'auteur : *Terrorisme : les affres de la vengeance. Aux sources liminaires de la violence*, Paris, Le Cavalier Bleu, 2021.

comme au Mozambique, déjà mentionné, ou encore la Somalie, théâtres vers lesquels combattants et ressources ont été acheminés. Vu sous cet angle, un danger pourrait à terme guetter l'État islamique : et si ces ramifications finissaient par déclasser le cœur historique du mouvement en fissurant encore plus ses rangs ?

# Idéologie : « Après le califat, il y a encore le califat »

Dans un bulletin de propagande diffusé en mai 2012, l'émir jihadiste syrien Abou Mohammed al-Adnani exposait que « quiconque [désirait] s'enquérir du programme de l'État [islamique], de sa politique et de ses avis juridiques, [devait] consulter ses dirigeants, ses communiqués, ses adresses publiques, ses sources ». À ce jour, cette matrice idéologique n'a pas disparu et c'est certainement elle qui est la plus susceptible de nuancer la défaite du groupe terroriste. Cette matrice est certes mieux connue et comprise, étroitement déchiffrée par les services de renseignement mondiaux à chaque nouveau contenu propagé sur la Toile, à chaque nouvelle revendication d'attentat. Mais l'État islamique reste paradoxalement sur bien des aspects une énigme. En effet, aucun dispositif de « déradicalisation » ou de contre-propagande, pour reprendre deux termes en vogue, n'a permis de vaincre le discours jihadiste. Celui-ci recouvre une continuité, une essence, évidemment plus difficilement défaite qu'un territoire et une organisation.

Abordée sous cet angle, la trajectoire de l'État islamique revêt indiscutablement un caractère spectaculaire : comment une idéologie ultraviolente est-elle parvenue à faire autant d'émules, en aussi peu de temps, au point que des milliers d'individus originaires de plus d'une centaine de pays l'ont adoptée ? Simultanément, à quel point ce dispositif idéologique reflétait-il une quelconque réalité ? Comme le relève Haifaa Jawad, le panislamisme mis en avant par les jihadistes, et qui n'est pas sans faire écho au panarabisme des décennies passées, est plus un obstacle à la refondation politique du Moyen-Orient qu'une solution[1]. L'État islamique a produit un ample corpus de propagande et les plus familiers se souviennent encore à ce jour des longues interventions de ses dirigeants, sur tous les sujets afférents au jihad. Or, malgré tous ses efforts pour maintenir en vie son message et le rendre accessible au plus grand nombre, l'État islamique ne le projette plus aussi largement et efficacement[2].

## *Salafisme-jihadisme, combat inchangé*

Les variables conditionnant le passage à la violence jihadiste ont été longuement abordées par les études consacrées aux biographies de militants. L'idéologie, elle, reste très caricaturée. Celle-ci articule pourtant l'ensemble du projet politique

1. « Pan-Islamism and Pan-Arabism: Solution or Obstacle to Political Reconstruction in the Middle East », *in The Middle East in the New World Order*, Londres, Palgrave Macmillan, 1997, p. 140-161.

2. Stephane J. Baele (*et al.*) (dir.), *ISIS Propaganda: A Full-Spectrum Extremist Message*, New York, Presses universitaires d'Oxford, 2020.

des jihadistes, justifiant le recours aux armes et poussant constamment les émirs et combattants à surmonter leur défaite. Le commandement de l'État islamique se compose au premier plan de penseurs du jihad, de « savants », ce qui n'est pas ici une dimension secondaire. Son idéologie doit être parfaitement explicitée et comprise car c'est elle qui nourrit la durabilité du mouvement. Le salafisme-jihadisme (*salafiyya jihadiyya*) forme, de ce point de vue, un creuset, le cœur de la pensée et des croyances des membres du groupe, qui irradie encore parmi maints sympathisants. En 2007, l'émir irakien Abou Omar al-Baghdadi prêchait pour cette doctrine en la dépeignant comme la seule perspective politique et morale viable pour les musulmans. Or, ne doit-on pas plutôt voir dans le caractère jusqu'au-boutiste de cette pensée le tombeau du fondamentalisme prêché par l'État islamique ?

Les jihadistes de l'État islamique qui représentent la tendance « dure » de l'idéologie salafiste-jihadiste, se différenciant d'Al-Qaïda sur une lecture encore plus étriquée de l'islam. À longueur de textes, le mouvement tente de se démarquer de ses rivaux en proposant ses propres sélections de références théologiques et ses propres interprétations. Si celles-ci ressortent de l'histoire du jihadisme global, elles n'en possèdent pas moins leurs spécificités. Ainsi, alors que l'État islamique hérite plus largement de l'idéologie islamiste et de la théorisation du jihad par les Frères musulmans dans l'Égypte des années 1920, il rejette et condamne cette branche de l'islamisme sunnite en affirmant que ses adhérents n'ont jamais été de vrais soldats de l'islam et en leur reprochant leur tolérance envers le chiisme et le soufisme, deux courants exécrés par les jihadistes, car considérés comme apostats.

Premièrement, on serait en droit de questionner l'écho véritable du combat de l'État islamique contre l'« impérialisme occidental », le « déclin de l'islam » et la nécessité supposée d'une restauration du califat comme gouvernement idéal. Ces thèmes occupent une place de choix dans la propagande islamiste depuis la dissolution de l'Empire ottoman en 1924, mais ne convainquent qu'une minorité de musulmans. Déjà au XX^e^ siècle, les islamistes vantaient le retour au modèle califal, en exhortant l'unité des croyants, ce qui n'avait cependant pas mis fin à leurs divisions. Hassan al-Banna, fondateur de la confrérie des Frères musulmans, reconnaissait lui-même que la restitution du califat exigerait du temps et un travail de longue haleine, sur le double plan juridique et institutionnel. Al-Banna soutenait que cette restauration passerait par la constitution de partis, d'alliances et de compromis. Pour les instigateurs du jihad, seule la violence pouvait au contraire permettre cette reconquête. Or, dans une monographie de référence sur le sujet, Shiraz Maher, qui a étudié ces diverses tendances, montre bien que les objectifs de l'islamisme contemporain, en particulier dans sa version jihadiste, ont toujours été hors d'atteinte[3].

3. Shiraz Maher, *Salafi-Jihadism: The History of an Idea*, Londres, Hurst & Company, 2016. Lire aussi Hassan Hassan, « A Hollow Victory over the Islamic State in Syria? The High Risk of Jihadi Revival in Deir ez-Zor's Euphrates River Valley », *CTC Sentinel*, vol. 12, n° 2, 2019, p. 1-6.

Symptomatiquement, la création d'un califat par l'État islamique ne fut que de courte durée, faisant davantage figure de « victoire creuse » que de réelle percée historique[4].

Dans une même veine, la doctrine salafiste défendue par l'État islamique, et qui imprime toute son identité, a certes progressé au cours des dernières décennies, mais sans jamais s'imposer comme lecture dominante parmi les musulmans. Par « salafisme », il faut comprendre ici un exclusivisme sunnite tourné vers une « purification » de la foi, la réaffirmation de l'« unicité » de Dieu (*tawhid*) et l'éradication de l'idolâtrie (*chirk*). Les jihadistes s'envisagent comme les seuls musulmans authentiques, à l'inverse des apostats qui n'obéissent plus, d'après eux, aux injonctions de l'orthodoxie sunnite et se voient par conséquent excommuniés sans autre forme de procès. Le culte soufi des pierres, des saints et des tombeaux est également condamné, et ses représentants traqués, son héritage désigné à la vindicte, incendié, dynamité, comme ce fut le cas, entre 2014 et 2015, des sites antiques de Ninive et d'Hatra en Irak. Les salafistes dits « quiétistes », ayant opté pour une participation politique, sont aussi fustigés et pris pour cibles. Mais ce sont les chiites que les jihadistes honnissent plus que tout, victimes d'une véritable guerre d'extermination partout où l'État islamique a été présent.

4. Par « victoire creuse », il faut comprendre une « vue contraire de la guerre » selon laquelle le vainqueur a certes gagné dans la forme, de manière objective, mais sans pour autant être perçu comme ayant remporté la victoire. Lire l'ouvrage de Jeffrey Record, *Hollow Victory: A Contrary View of the Gulf War*, Washington DC, Brassey's, 1993.

### *Jihad armé et antichiisme machinal*

En somme, l'État islamique n'est pas uniquement le produit de l'histoire irakienne récente. Replacé dans un continuum, il est légataire de près d'un siècle d'activisme islamiste, dont on a connu les échecs successifs en Égypte, en Afghanistan, en Algérie, ou encore en Bosnie. Al-Qaïda, à travers la figure d'Oussama ben Laden, préconisait déjà d'attaquer l'Occident « judéo-croisé » comme étape préalable à l'établissement d'un État islamique, sans jamais y parvenir toutefois. Par leur intransigeance et les vagues de violence inouïes qu'ils ont causées, les jihadistes sont au fond les premiers acteurs de leur défaite. Ceci est le résultat, d'une part, de l'influence en Irak des « anciens » du régime de Saddam Hussein, lesquels ont tantôt instrumentalisé l'islamisme à des fins obscures, tantôt exporté ce dernier[5]. De l'autre, des figures comme Abou Mousab al-Zarqawi continuent, de manière posthume, de radicaliser la jeune génération, ancrée dans un jihadisme plus ardent et plus extrême que celui des décennies antérieures. En ce sens, l'État islamique a tracé une voie plus violente que toutes les précédentes.

Deux orientations, qui singularisent l'idéologie du mouvement, l'ont en large part desservi. La première est son antichiisme virulent dont les répercussions meurtrières ont laissé de lourdes traces en termes de haines intercommunautaires.

5. Samuel Helfont, « Saddam and the Islamists: The Ba'thist Regime's Instrumentalization of Religion in Foreign Affairs », *Middle East Journal*, vol. 68, n° 3, 2014, p. 352-366.

Les chiites sont de « faux musulmans » selon les jihadistes, qui méritent la mort et contre lesquels doit être lancé un « jihad offensif ». Cette animosité s'adosse à la conviction que les chiites auraient fomenté un ample complot à travers tout le Moyen-Orient, visant à imposer un « super-État » chiite sous hégémon iranien. Dans cet ordre d'idées, Téhéran bénéficierait de la complicité silencieuse de Washington. L'État islamique réitère donc *ad nauseam* que les chiites doivent être exterminés, de l'Iran au Liban, en passant par l'Irak, la Syrie, l'Afghanistan, le Yémen. L'expérience irakienne, dont la transition a sanctionné le triomphe du chiisme politique, donnerait la preuve, aux yeux des jihadistes, de ce processus de « chiitisation » du monde musulman. Pour Hassan Hassan, la haine antichiite viscérale de l'État islamique est d'ailleurs l'un de ses grands marqueurs idéologiques et contextuels[6]. Pour justifier le ciblage de cette communauté, les jihadistes s'appuient sur des écrits classiques, en particulier ceux d'Ibn Taymiyya, savant sunnite qui aurait prétendument démontré leur duplicité historique[7].

Depuis sa défaite, une autre priorité de l'État islamique a été de préserver ce qu'il lui restait de « califat » au niveau symbolique. Il s'est ainsi attelé à entretenir chez ses partisans le mythe d'un remède politique aux maux des musulmans,

---

6. « The Sectarianism of the Islamic State: Ideological Roots and Political Context », rapport de la Fondation Carnegie pour la paix internationale, 2016.

7. Duplicité qui s'étendrait, selon la propagande de l'État islamique, de la mise à sac de Bagdad par les Mongols en 1258, jusqu'à la conversion des Perses au chiisme sous la dynastie safavide aux XVI^e^ et XVII^e^ siècles.

qu'importent les revers militaires essuyés. Sur de nombreux points, la stratégie des jihadistes – chasser les forces étrangères, établir un émirat islamiste, poursuivre le jihad et affronter l'Occident – conserve une actualité, sans néanmoins présager d'aucune victoire future. Ceux qui prolongent la lutte gardent à l'esprit la sentence prononcée en 2004 par Abou Mousab al-Zarqawi et que l'État islamique cultive encore à jour : « Je me trouve aujourd'hui en Irak à livrer le jihad aux côtés de mes frères en vue d'établir pour l'islam une patrie et pour le Coran un État ». Pourront-ils pour autant répéter l'histoire, rester soudés dans les conditions présentes qui leur sont particulièrement défavorables ? Le passé démontre que toutes celles et tous ceux qui ont cru en cette idéologie n'ont pas survécu à l'aberration délétère qu'elle charrie en réalité.

### *L'« endurance » de l'État islamique*

La subsistance de l'État islamique est aussi liée à sa capacité à avoir déclassé ses rivaux dans le paysage jihadiste. Idéologiquement, sa défaite est en effet dépeinte comme un simple recul, une séquence éphémère, une épreuve souhaitée par Dieu et son prophète, qui implique en contrepartie une endurance sans faille parmi les militants. Cette stratégie s'appuie sur la notion de « patience » en arabe (*sabr*), terme utilisé par les jihadistes lorsqu'ils se réfèrent à deux vertus dans l'islam : la détermination et la résistance. Lors de la proclamation du premier État islamique d'Irak en 2006, de vives dissensions étaient apparues. Alors que l'annonce du nouvel État était célébrée par ses partisans sur leurs médias et la bannière de l'État islamique fièrement arborée sur nombre de forums et autres applications de messagerie, l'entité jihadiste fraîchement constituée ne persuadait pas tous les insurgés, et encore moins les civils sunnites. Elle n'attirait de surcroît qu'une attention limitée de la part du monde extérieur. Les émirs de l'époque, Abou Omar al-Baghdadi et Abou Hamza al-Mouhajir, dénonçaient pour leur part ces réactions hostiles, tout en échouant à regrouper sous leur aile toutes les factions rebelles. Les franges ayant refusé de prêter allégeance (*bay'a* en arabe) à l'État islamique, qualifiées de « pécheresses », ont ensuite systématiquement été traquées. Là encore, l'ultraviolence jihadiste a *in fine* plus contribué à aliéner l'environnement local qu'à bâtir une assise sociale pérenne.

Qu'en est-il depuis sa défaite ? L'État islamique a-t-il tiré les leçons de ses dérives passées ? Absolument pas. Érudits et intellectuels qui osent le défier sont toujours accusés de collusion avec l'ennemi et leur assassinat rendu licite car ceux-ci « saliraient » l'entreprise jihadiste par leur absence de foi. Les relations de l'État islamique avec Al-Qaïda n'ont elles aussi cessé de se dégrader au cours des dernières années, principalement au bénéfice d'Al-Qaïda, quoique la compétition entre ces deux mouvances pour le monopole sur le califat soit ancienne, comme l'évoque très justement Kareem El Damanhoury[8]. De son vivant, Ben Laden avait apporté

8. « Constructing Place Identity: ISIS and Al-Qaeda's Branding Competition over the Caliphate », *Place Branding and Public Diplomacy*, n° 15, 2020, p. 265-278.

sa caution à l'État islamique, jugeant ses émirs « parmi les plus dévoués à la vérité et loyaux envers le prophète ». Contre l'avis d'une grande partie des insurgés, Ben Laden estimait en effet que les jihadistes irakiens avaient eu raison de former un émirat islamique indépendant, ajoutant que les sunnites n'avaient d'autre choix que l'acceptation de cet État face à la situation de chaos engendrée par l'intervention militaire américaine et ses lendemains calamiteux.

Quoique cette bénédiction ait permis à l'État islamique de s'affranchir au point de ne plus rendre de comptes à Al-Qaïda à partir de 2006, elle ne lui a pas assuré la popularité qu'il escomptait. C'est dans une illusion totale que l'État islamique a conforté son idée qu'il n'avait besoin de l'aval de personne. Tout en lui donnant certes une image de force, cette posture lui a valu une immense hostilité. Plus le mouvement jihadiste a cherché à contraindre insurgés et civils de le rejoindre, plus il a été violemment rejeté, sur le théâtre syrien en particulier. La remise en cause agressive d'Al-Qaïda a créé d'importants remous dans les sphères jihadistes, par ailleurs, en creusant un fossé infranchissable. Face à ces controverses, on peut s'interroger sur la disposition des partisans de l'État islamique à continuer de militer et combattre avec la même détermination. L'État islamique ne surdétermine-t-il pas ce zèle guerrier par pur souci stratégique ? En réalité, beaucoup de sympathisants sont indécis quant à la marche à suivre. Même la plus jeune génération, initialement séduite par l'État islamique, a fini par prendre ses distances.

Il est peu probable que l'État islamique revienne sur sa discorde idéologique profonde avec Al-Qaïda, d'autant que les fractures apparues et amplifiées au cours de la guerre civile syrienne ont laissé d'importants séquelles au sein des deux camps. Les tensions se sont accumulées jusqu'à l'apparition de divergences doctrinales insurmontables. Al-Qaïda s'oppose encore à la guerre antichiite de l'État islamique, ainsi qu'à sa pratique destructrice de l'excommunication. Les initiatives de réconciliation entre tribus ont, elles, toutes échoué, en raison de l'inflexibilité idéologique de l'État islamique et de son inclinaison extrémiste[9]. Pour les plus critiques, le groupe terroriste a suscité dans son sillage des querelles inédites au sein du courant jihadiste. Sans surprise, l'État islamique campe sur ses positions et tend à percevoir dans ce dogmatisme la clé de voûte de sa survie, de même qu'un prolongement en soi de la lutte.

---

9. Aaron Edwards, « ISIS and the Challenge of Islamist Extremism », *Political Insight*, vol. 6, n° 1, 2015, p. 12-15.

# Débâcle : l'État islamique a-t-il dit son dernier mot ?

Il n'y a pas « une » défaite, mais « des » défaites de l'État islamique. Le mouvement a connu, en effet, différentes vies, différentes séquences, différentes mutations. À ce titre, un penchant encore répandu consiste à vouloir réduire les jihadistes à de simples « agitateurs », dans le contexte de conflagrations géopolitiques supposées les dépasser. Chaque attentat renouvelle pourtant la menace et illustre le pouvoir de nuisance que conserve l'État islamique par-delà sa défaite[1]. Que reste-t-il de son infrastructure durement éprouvée ? Pourra-t-elle s'ajuster à un antiterrorisme monté en puissance au cours des dernières années ? Le « retour » des jihadistes doit plus à un faisceau de ressorts idéologiques et discursifs, comme il l'a été mentionné, qu'à des facteurs militaires et tactiques. Dans un article édifiant, S. Sayyid pose d'ailleurs la question du futur de l'islam politique après la défaite du groupe terroriste, concluant que si les attentats

1. « Exploiter le chaos : l'État islamique et al-Qaeda », rapport spécial n° 1 du centre d'analyse indépendant International Crisis Group (ICG), série « Jihad in Modern Conflict », 2016.

continuent de frapper en différents endroits, le projet de l'État islamique se trouve en lambeaux[2]. L'hypothèse selon laquelle les « faibles » peuvent gagner la guerre en rendant la supériorité des « forts » peu pertinente, sinon caduque, est valable dans les conflits asymétriques, mais jusqu'à un certain point seulement. En l'espèce, l'État islamique, avec des capacités minimes, ne fait pas le poids[3].

Après tout, le mouvement jihadiste n'aura administré un territoire que pendant quelques mois, sans jamais pleinement réussir à y imposer son récit. En ce sens, est-il judicieux de voir en lui une émanation « révolutionnaire », pour reprendre le postulat de Scott Atran ?[4] Ne parle-t-on pas d'un soulèvement, dont le dessein est d'exploiter l'anarchie ambiante, en vue d'accomplir des objectifs politiques foncièrement irréalisables ? Manquer de prendre en compte ces éléments compromet la réussite des stratégies visant à ancrer sa défaite, d'autant que l'État islamique a, même tacitement, acté celle-ci pour mieux en faire le point de départ de sa renaissance. Si le mouvement a été militairement vaincu, il paraît envisager sa débâcle comme une retraite parmi d'autres, le long d'un continuum d'avancées et de revers militaires[5], comme une

2. S. Sayyid, « Political Islam in the Aftermath of 'Islamic State' », *ReOrient*, vol. 3, n° 1, 2017, p. 65-82.

3. Ivan Arreguín-Toft, « How the Weak Win Wars: A Theory of Asymmetric Conflict », *International Security*, vol. 26, n° 1, 2001, p. 93-128.

4. Scott Atran, *L'État islamique est une révolution*, Paris, Babel, 2018.

5. Jennifer Cafarella (*et al.*), *ISIS'S Second Comeback: Assessing the Next ISIS Insurgency*, Institute for the Study of War (ISW), 2019.

phase censée lui permettre de renaître pour mieux « rester et s'étendre »[6].

*Une vision du combat au long cours*

L'état des connaissances sur l'État islamique est aujourd'hui bien plus poussé qu'il ne l'était il y a quelques années encore. Mais une confusion persiste quant à sa nature et aux moyens pour en venir définitivement à bout. Il convient, à ce titre, d'insister sur l'essence de cette menace, l'État islamique constituant l'avant-garde d'une rébellion armée transnationalisée[7]. Les militants qui lui ont lié leur sort viennent d'horizons très différents ; beaucoup avaient déjà combattu par le passé ; ils sont par conséquent aguerris à la violence et disposés à se relancer dans une confrontation armée. Parmi eux, les étrangers ne constituent aujourd'hui qu'une poignée, comme il l'a été évoqué, tout en ayant acquis une certaine pratique sur zone.

Ce qui unit ces militants, par-delà les défaites, est la somme de leurs adversaires qui n'ont pas fondamentalement évolué dans leur typologie. On retrouve un « Occident » diabolisé en raison de ses interventions militaires et de son soutien aux dictatures régionales, mais également des puis-

6. Omar Ashour, « Enigma of 'Baqiya wa Tatamaddad': The Islamic State Organization's Military Survival », Centre d'études d'Al Jazeera, 2016.

7. Jason Warner (*et al.*), « Outlasting the Caliphate: The Evolution of the Islamic State Threat in Africa », *CTC Sentinel*, vol. 13, n° 11, 2020, p. 18-33.

sances telles la Russie et la Chine sur la problématique de leur traitement des minorités musulmanes et leurs manœuvres géostratégiques au Moyen-Orient[8]. Puis viennent, rangés dans la catégorie des ennemis existentiels de l'État islamique, l'Iran et les chiites, ciblés dans des attaques meurtrières depuis la guerre d'Irak de 2003. Les minorités ethno-religieuses aliénées par les jihadistes continuent pour leur part de subir leur violence au quotidien dans plusieurs pays. Au Nigeria, par exemple, les chrétiens sont depuis des années dans le viseur de la « province d'Afrique de l'Ouest » de l'État islamique, pour l'unique raison de leur confession[9].

Autre signe que l'État islamique n'a pas dit son dernier mot : le nombre de ses branches qui lui assurent, à échelle mondiale, une nocivité durable dans divers environnements. Après la perte de son proto-État syro-irakien, l'État islamique s'est projeté vers d'autres lieux jugés plus prometteurs. Cette évolution est manifeste dans un pays comme la Somalie et plus largement dans toute l'Afrique de l'Est, comme le relève un rapport de l'Institut européen de la paix paru en 2018[10]. En outre, l'État islamique a renforcé ses relations avec des factions subsahariennes dans une logique de mutualisation des gains. D'une part, cette réorientation géographique offre un champ d'action renouvelé au mouve-

8. Emil Souleimanov et Katarina Petrtylova, « Russia's Policy Toward the Islamic State », *Middle East Policy*, vol. 22, n° 3, 2015, p. 66-78.

9. Abdulbasit Kassim et Michael Nwankpa, *The Boko Haram Reader. From Nigerian Preachers to the Islamic State*, New York, Presses universitaires d'Oxford, 2018.

10. « The Islamic State in East Africa », rapport de l'EIP, 2018.

ment, qui lui permet de détourner l'attention de sa défaite moyen-orientale. Quant aux rebelles locaux, la franchise de l'État islamique accroît leur charisme. Pareille convergence entre une violence « interne », ancrée dans des logiques de terrain, et un jihadisme mondialisé implique de mettre à niveau la contre-insurrection. Mais que faire après vingt ans d'opérations militaires étrangères ayant plutôt contribué à exacerber le désir de représailles des jihadistes ?

Pour l'heure, les attentats qui subsistent continuent de prendre de court les autorités, d'autant que l'État islamique les manipule en acclamant l'endurance de ses « soldats ». Mais ces attentats, pour violents et meurtriers qu'ils soient, ne modifient rien à la déroute structurelle du groupe. La faculté des jihadistes à préparer et planifier des attaques n'est plus aussi élevée qu'auparavant. À ce titre, si l'État islamique a acté sa défaite au niveau militaire face à des ennemis nombreux, mieux armés et organisés, étroitement coordonnés, il ne l'a encore jamais reconnue sur le plan des idées. Il tendrait même à instrumentaliser son affaiblissement pour tenter, dans le secret, de se reconstituer et de recouvrer ses moyens antérieurs[11]. De ce point de vue, il peut compter sur une géographie toujours très instable – entre États faillis, vide sécuritaire et polarisation des sociétés.

11. Michael Knights et Alex Almeida, « Remaining and Expanding: The Recovery of Islamic State Operations in Iraq in 2019-2020 », *CTC Sentinel*, 2020, p. 1-16.

### *S'envisager encore comme « État »*

Il peut paraître surprenant que l'État islamique s'acharne à se définir comme un « État » au regard de sa défaite. Quel crédit, en effet, accorder à cette prétention alors qu'il a perdu ses territoires et son organisation ? La *dawla* jihadiste possède-t-elle encore un quelconque écho ?[12] Depuis 2017 et la bataille historique de Mossoul, sa propagande s'est ostensiblement recentrée sur ses accomplissements armés, recyclant notamment d'anciens contenus audiovisuels sur le califat et ses institutions embryonnaires. Ce faisant, l'État islamique maintient en vie le souvenir de cette gouvernance islamiste parmi ses partisans. Il lui est en revanche plus dur de communiquer au sujet du « contrat social » dont il se targuait naguère, comme le met en exergue Mara Revkin, tant le califat était irréel et lugubre pour commencer[13].

L'État islamique prétend avoir accompli, dans les territoires précipités sous sa domination, ce qu'aucun État musulman n'était parvenu à achever avant lui, à savoir un pouvoir aligné sur les prescriptions islamiques. La lutte contre la corruption demeure un thème de prédilection des

12. Renad Mansour, « Iraq After the Fall of ISIS: The Struggle for the State », rapport du programme Afrique du Nord & Moyen-Orient du centre de recherche Chatham House, 2017.

13. « Does the Islamic State Have a "Social Contract"? Evidence from Iraq and Syria », rapport n° 9 du Programme sur la gouvernance et le développement local de l'université de Yale, 2016.

jihadistes[14]. En décembre 2019, un sondage réalisé par la société YouGov dans 18 pays d'Afrique du Nord et du Moyen-Orient, auprès de 3 079 habitants, indiquait que 57 % de ces derniers estimaient que la corruption restait la source première des conflits dans la région. En dépit de sa défaite, l'État islamique continue par ailleurs de mettre en avant le fait qu'il fournit des services à des populations livrées à leur sort, promettant en cas de retour une réponse aux besoins alimentaires et médicaux des civils. Des promesses qui laissent pantois tant le groupe terroriste n'a fait que perpétuer les pratiques népotiques, clientélistes et autoritaires du passé. En matière de distribution de rations, il avait certes subventionné le prix de la farine et ouvert boulangeries et magasins pour approvisionner en denrées de bases les populations passées sous sa tutelle, mais à quel prix ?

Derrière ces mesures anecdotiques, on retrouve encore et toujours l'obsession des jihadistes de se doter d'un État et de garantir – nécessité plus impérieuse encore – la continuité du califat et de la succession à sa tête. De leur côté, les sunnites dans leur écrasante majorité, rejettent toujours aussi virulemment ce projet, le jugeant illégitime, en particulier depuis la dévastation engendrée par l'État islamique dans plusieurs pays du Moyen-Orient et dont les opinions publiques, arabes comme étrangères, conservent les rémi-

14. Daveed Gartenstein-Ross (*et al.*), « The Islamic State's Global Propaganda Strategy, Terrorism and Counter-Terrorism Studies », vol. 7, n° 1 (rapport de recherche du Centre international de lutte contre le terrorisme, ICCT), 2016.

niscences traumatiques. Il n'empêche que l'État islamique reste tout entier fixé sur l'idéal de réveil supposé d'un « âge d'or » de l'islam, partout où les États-nations issus de la décolonisation auraient fait leur temps et dans lesquels les jihadistes refusent catégoriquement de se reconnaître. Au gré de l'usure des corps sociaux et de la montée de contestations désavouant la politique officielle et le « système » en place, le mouvement jihadiste cherche clairement à récupérer un capital-sympathie.

Peut-on émettre l'idée que les commandants de l'État islamique savaient, dès le début, qu'ils seraient défaits ? Cette finalité n'était-elle pas évidente au terme du réengagement militaire spectaculaire des États-Unis au cours de l'été 2014 pour les déraciner ? Entre les lignes, la propagande jihadiste illustre cette mise en garde, celle d'un imparable échec. Or encore aujourd'hui, aucun sympathisant de l'État islamique ne le pense réellement défait, et encore moins révolu. Les fidèles de sa cause orientent donc tous leurs efforts vers sa régénération. Le mirage d'une société ordonnancée par un État jihadiste n'est pas entièrement passé, mais il n'en demeure pas moins un mirage qui n'électrise plus guère les foules[15].

15. Lire, sur le thème de l'utopie du califat, Aziz Al-Azmeh, « Utopia and Islamic Political Thought », *History of Political Thought*, vol. 11, n° 1, 1990, p. 9-19.

### *Le prolongement d'une révolution ?*

Depuis son apparition, l'État islamique se définit comme révolutionnaire. Selon lui, le jihad qu'il promeut serait une révolution plus qu'une insurrection, qui devrait passer par une série d'étapes pour concrétiser ses objectifs. Les jihadistes auraient accompli un acte unique en déclassant leurs concurrents : matérialiser, dans l'espace, un gouvernement islamiste, dont ils considèrent tirer un prestige unique et que des « prédicateurs charismatiques », comme les baptise Angela Gendron, ne manquent pas de mettre en avant dans leur exercice continu de propagande[16]. Est-ce par ce biais qu'Al-Qaïda s'est vue reléguée au second plan, alors que l'organisation se réclame d'une idéologie semblable ? L'une des divergences fondamentales entre les deux mouvances jihadistes se rapporte à la problématique de la temporalité de l'État. Depuis des années, Al-Qaïda estime en effet que le califat ne pourra être rétabli qu'une fois l'« ennemi lointain » (États-Unis et Occident, ainsi que Russie et Chine désormais) expulsé des terres musulmanes, et les civils préparés à ce bouleversement. L'État islamique, quant à lui, défend son approche révolutionnaire en jugeant qu'administrer matériellement le monde islamique est une condition *sine qua none* à l'éradication des influences extérieures.

Certes, leur proto-État a conféré aux jihadistes une influence considérable, mais la « gloire » fut de courte durée.

---

16. « The Call to Jihad: Charismatic Preachers and the Internet », *Studies in Conflict and Terrorism*, vol. 40, n° 1, 2017, p. 44-61.

L'État islamique a perdu tout ascendant symbolique après sa défaite ; il n'est plus un point de repère, ni un modèle. Sa velléité à inculquer aux musulmans un islam rigoriste a fait long feu. Autrement dit, l'État islamique a été un phénomène temporaire, qui a laissé un souvenir horrifique à celles et ceux qui l'ont côtoyé. Une révolution ne cherche pas uniquement à venir à bout d'un régime ou d'un ordre établi, à remplacer l'existant, elle doit aussi imprimer une culture politique acceptée par le plus grand nombre, ce que les jihadistes ont échoué à réaliser. La remise en cause du système régional à laquelle le mouvement aspirait n'était par ailleurs pas crédible. Récuser le double héritage colonial et postcolonial du monde musulman revenait en effet à faire un déni de réalité, à tenter de réécrire une histoire révolue sur laquelle il est impossible de revenir.

La démographie des zones conquises a évolué, certes, mais pas tout à fait dans le sens voulu par l'État islamique. Avec courage, les minorités ont toutes résisté, autant qu'elles le pouvaient, à l'effroyable nettoyage ethnique mis en œuvre par les jihadistes. Ces derniers ont été arrêtés par une réaction militaire à la hauteur de l'abomination qu'ils représentaient. Il est difficile de voir dans ces événements une quelconque révolution. Que dire de plus des propos tenus par Abou Mohammed al-Adnani en 2016, lorsqu'il prétendait que le reflux de l'État islamique n'aurait aucune incidence sur sa défaite ? « Quiconque croit que nous combattons pour protéger une terre ou une autorité, ou que la victoire se mesure à l'aune de ces critères, est loin de la vérité. Ô Amérique, serions-nous vaincus et toi victorieuse si tu reprenais Mossoul, Syrte ou Raqqa ? Certainement pas ! Nous ne serions vaincus et toi victorieuse que si tu étais capable d'arracher le Coran du cœur des musulmans. »

Enfin, le message apocalyptique porté par l'État islamique n'est plus d'actualité. Après avoir un temps interpellé les observateurs, cet élément de propagande a soigneusement été relégué au second plan. L'affrontement attendu par l'État islamique avec ses adversaires à Dabiq, en Syrie, n'a ainsi jamais eu lieu, au point que le magazine francophone du groupe a changé de nom[17]. Quelle est la crédibilité de l'État islamique lorsqu'il sermonne ses sympathisants au sujet de la venue prochaine du Mahdi et d'une apocalypse dont tous les signes avant-coureurs seraient prétendument réunis, y compris à la lumière de la pandémie de coronavirus ?[18] Par le passé, l'État islamique avait tempéré cette question, pour ensuite la réintroduire. Elle sert en réalité un objectif motivationnel, celui d'inciter à la violence en fabriquant une image du monde prenant les traits d'une conflagration entre « forces de l'islam » et « Rome », comme l'illustre une contribution particulièrement instructive de Francesco Marone[19].

---

17. Tim Jacoby, « Islam and the Islamic State's Magazine, Dabiq », *Politics and Religion*, vol. 12, n° 1, 2019, p. 32-54.

18. Lire Chelsea Daymon et Meili Criezis, « Pandemic Narratives: Pro-Islamic State Media and the Coronavirus », *CTC Sentinel*, vol. 13, n° 6, 2020, p. 26-32.

19. « 'We Will Conquer Your Rome': Italy and the Vatican in the Islamic State's Propaganda », *Studies in Conflict & Terrorism*, n° 3, 2023, p. 307-329.

# Conclusion

Les débats se suivent et se ressemblent depuis l'effondrement de l'État islamique. Mais sa défaite ne fait cependant aucun doute. Le groupe terroriste n'administre plus aucun territoire et aucune population. Ses ressources ont été détruites au gré des opérations militaires contre lui. Son commandement a été laminé au fil des frappes ciblées. Des milliers de combattants ont été tués ou mis hors d'état de nuire. Enfin, il est aujourd'hui impossible pour les jihadistes de remettre sur pied leur « État », tant le rapport de force est en leur défaveur. Parallèlement, la montée en puissance du renseignement et du contre-terrorisme depuis les attentats majeurs qui ont frappé plusieurs pays, dont la France au premier plan, fait de la « globalisation » du jihad un but hors d'atteinte. Au Moyen-Orient, les acteurs qui ont permis la libération des régions occupées par les jihadistes restent en position dominante et poursuivent leur effort de contre-insurrection. L'État islamique se voit donc *de facto* privé de toute capacité réelle d'agir.

Sur le plan de son organisation, le mouvement est significativement affaibli. Sa succession a été planifiée à long terme, mais l'élimination à répétition de ses émirs depuis 2010 lui a porté une succession de coups décisifs. Indirectement, ses pertes sanctionnent aussi la déroute de sa tentative de se bureaucratiser et de s'institutionnaliser. Cet aspect pourrait faire l'objet d'une appréciation plus distanciée, car le projet jihadiste a toujours été fragile. Jamais l'État islamique n'a revêtu de caractère autonome, au sens de gouvernement souverain et reconnu. Sa défaite est enfin mesurable au prisme de la terreur et des souffrances qu'il a infligées aux populations tombées sous son joug. Meurtries par la confrontation sanglante ouverte par les jihadistes, peu sont prêtes à refaire le pari d'un « État » qui les a déjà maintes fois anéanties.

Comme le relèvent les spécialistes les plus chevronnés, l'État islamique essaie certes de réémerger : en témoignent la reprise des attentats dans ses anciens bastions et l'extension transnationale de son combat. Beaucoup des facteurs sociopolitiques, économiques et identitaires qui avaient présidé à son ascension demeurent en effet omniprésents et créent un contexte favorable. Si les jihadistes ont perdu leur assise populaire, il est prématuré d'en déduire leur neutralisation définitive. On peut voir partout comment l'État islamique cherche à séduire une jeunesse désœuvrée et désireuse d'en découdre. Les dynamiques de la mobilisation sont bridées pour l'heure, mais la persistance des attaques ici et là indique que la lutte contre le terrorisme reste plus que jamais d'actualité. Selon des estimations crédibles, des milliers de combattants seraient toujours actifs, beaucoup s'étant transportés de l'Irak et de la Syrie vers d'autres théâtres de guerre.

Enfin, l'idéologie de l'État islamique n'est pas tout à fait défaite non plus ; elle constitue une matrice à travers laquelle les militants récusent l'idée même de leur défaite. Mais jusqu'où peuvent-ils assimiler leurs déboires à des épreuves sur le chemin de la foi, comme ils les nomment ? L'État islamique continuera de produire et de diffuser sa propagande, en langue arabe et au moyen de supports multilingues, partout où il le pourra. Reste à évaluer quelle est l'influence encore exercée par elle. Par-delà les initiatives pour l'assécher, de nombreux contenus sont encore aisément accessibles en ligne, participant à la circulation d'une pensée délétère. Pour parachever ce propos, il doit être clair pour tous que l'État islamique ne se résume pas à ses modes opératoires terroristes. Il est un soulèvement, une politique, une révolte, que l'on serait sans doute bien imprudents d'ignorer.

# Table des matières

DEUXIÈME PARTIE

## … tout en n'ayant pas disparu

*Composition et mise en pages*
*Nord Compo à Villeneuve-d'Ascq*

L'éditeur de cet ouvrage s'engage dans une démarche éco-responsable
en utilisant des papiers issus de forêts gérées durablement
www.cnrseditions.fr

IMPRIM'VERT® PEFC 10-31-1510

Achevé d'imprimer en mai 2023 par Corlet Imprimeur - 14110 Condé-en-Normandie
Dépôt légal : juin 2023 - N° d'imprimeur : 23040512 - Imprimé en France